사고와 표현
기본편

신은옥 · 장현묵 · 정영교

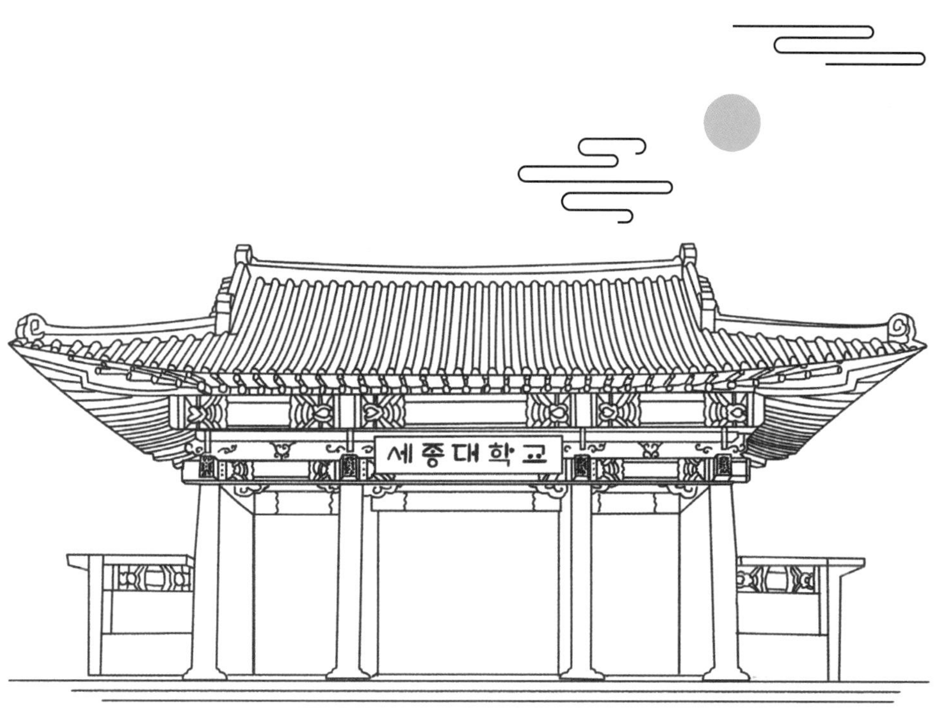

박영사

사고와 표현 기본편 발간사

세종대학교의 외국인 학생을 위한 교양한국어 교재 <사고와 표현 기본편>을 발간하게 되어 무척 기쁩니다. 한글 창제의 근간이 된 세종대왕의 실용적이고 과학적인 정신을 이어받은 우리 대학은 글로벌 연구중심 대학으로서 세계 각국에서 유학하러 온 많은 인재들을 교육하고 있습니다.

최근 한국의 문화적 영향력이 전 세계적으로 확대되면서 한국어와 한국 문화에 대한 관심이 그 어느 때보다 높아진 지금, 우리 대학의 교양한국어 교육은 더욱 중요한 의미를 가지게 되었습니다. 특히 이번 교재는 급변하는 교육 환경과 학습자들의 요구를 반영하여 더욱 체계적으로 집필되었습니다.

본 교재는 우수한 교수진들의 풍부한 교육 경험과 연구 성과를 집대성한 결과물입니다. 특히 대학에서 학업을 수행하는 유학생들의 실질적인 필요를 고려하여 기초적인 의사소통 능력부터 학술적 한국어 능력까지를 아우르는 통합적인 교육 내용을 담았습니다. 한국어에 대한 체계적인 설명과 실전적인 연습 활동들은 학습자들의 한국어 습득을 효과적으로 도울 것입니다.

이 교재가 세종대학교에서 수학하는 모든 외국인 학생들의 한국어 실력 향상과 성공적인 학업 수행에 든든한 길잡이가 되기를 기대합니다. 아울러 우리 대학의 국제화와 학문적 발전에도 의미 있는 기여를 할 것이라 확신합니다.

대양휴머니티칼리지 학장
김 건

일러두기

<사고와 표현 기본편>은 대학의 교양한국어 수업을 위한 교재입니다. 외국인 학생들이 대학에서 학업을 수행하며 접하게 될 상황을 바탕으로 필수적인 문법과 표현을 선별하여 교재를 구성하였습니다. <사고와 표현 기본편>은 듣기와 말하기 능력 함양에 초점을 두었으며, 한 학기 주 3시간 15주 과정으로 총 두 학기에 적합한 분량입니다.

교재는 도입, 학습, 마무리의 세 단계로 구성됩니다. 도입 단계에서는 각 과의 주제와 관련된 질문을 통해 학습자가 학습 내용을 예측하고, 대화문 듣기를 통해 과별 주제와 목표 어휘, 문법을 파악할 수 있도록 하였습니다. 학습 단계에서는 목표 어휘와 문법을 학습하고 말하기 활동을 통해 구어 능력을 함양하도록 하였습니다. 마무리 단계에서는 쿠키 오디오와 듣고 따라하기를 통해 본문 내용의 후속 상황에 대한 실제적인 대화문과 유용한 표현을 연습할 수 있도록 구성하였습니다. 추가적으로 어휘노트를 제공하여 복습이나 과제로 활용할 수 있도록 하였습니다.

단원 구성

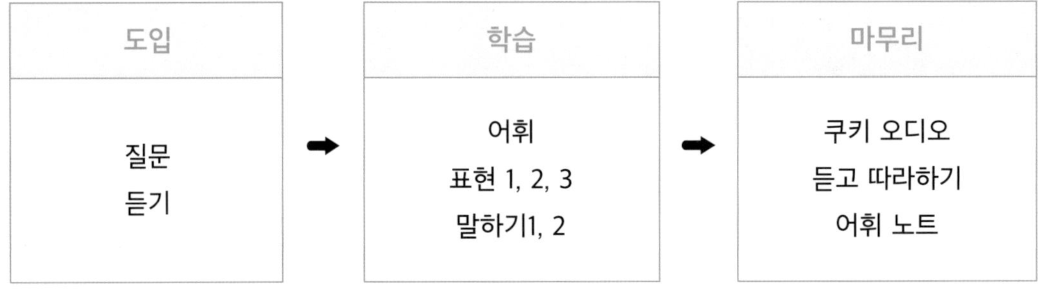

- 질문: 각 단원에서 공부할 내용을 소개하고 학습자의 관심을 유도합니다.
- 듣기: 대화문을 듣고 질문에 답하며 들은 내용을 확인합니다.
- 어휘: 주제와 관련된 어휘를 학습합니다.
- 표현: 각 문법 표현의 형태 규칙과 예문을 확인합니다.
  연습 문제를 통해 각 문법 표현의 규칙과 의미를 익힙니다.
- 말하기: 학습한 문법과 어휘를 사용하여 말해 봅니다.
- 쿠키 오디오: 실제적인 대화문을 통해 자연스럽고 유창한 말하기를 연습합니다.
- 듣고 따라하기: 실생활에서 자주 사용하는 유용한 표현을 연습합니다.
- 어휘 노트: 각 단원에 등장한 새로운 어휘를 복습합니다.

목차 

1장

새 학기

☆ 전공이 뭐예요?

☆ 새 학기의 목표가 있어요?

듣기
Listening

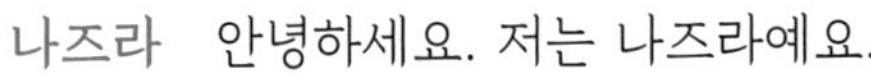

나즈라　안녕하세요. 저는 나즈라예요. 패션디자인과 신입생이지요?

진티엔　네, 저는 패션디자인과 신입생 진티엔이에요.

나즈라　만나서 반가워요. 저도 패션디자인과예요.

진티엔　만나서 반갑습니다. 혹시 선배님이세요?

나즈라　네? 아니에요. 저도 신입생이에요.

진티엔　정말요? 꼭 선배처럼 보여요.

나즈라　그래요? 제가 긴장하지 않아서요?

진티엔　네, 맞아요.

나즈라　저는 원래 긴장하지 않는 편이에요. 첫 학기라서 긴장했어요?

진티엔　조금요. 저는 쉽게 긴장하는 편이거든요.

나즈라　우리 처음 만났으니까 이야기하게 커피 마시러 갈까요?

진티엔　좋아요. 근처에 유명한 카페가 있어요.

나즈라　그럼 거기로 가요.

패션디자인과	신입생	만나서 반갑습니다	혹시	
선배님	긴장하다	원래	근처	유명하다

이해하기
Comprehension

두 사람의 전공이 뭐예요?

들은 내용과 같으면 O, 다르면 X로 표시하세요.

1) 나즈라는 긴장을 잘해요. (　　)

2) 진티엔은 유명한 카페를 알아요. (　　)

3) 나즈라는 패션디자인과 선배예요. (　　)

4) 진티엔은 패션디자인과 신입생이에요. (　　)

3 왜 나즈라를 선배로 오해했어요?

1) 나이가 많아서

2) 긴장하지 않아서

3) 패션디자인과라고 소개해서

4) 학교 근처 유명한 카페를 알아서

두 사람은 왜 커피를 마시러 가요?

어휘
Vocabulary

1 아는 것에 표시해 보세요.

□ 패션디자인과	□ 신입생	□ 혹시	□ 근처	□ 원래
□ 긴장하다	□ 선배님	□ 유명하다	□ 만나서 반갑습니다	

2 빈칸에 알맞은 말을 써 보세요.

1) 가: 민수 씨, (   ) 이번 주말에 시간이 있어요?

나: 네, 시간이 있어요.

2) 가: 저는 집 (   ) 공원에서 산책하기를 좋아해요.

나: 저도 집 가까이에 공원이 있으면 좋겠어요.

3) 가: 안녕하세요. (   ), 저는 (   ) 정루이입니다.

나: 루이 씨, 반가워요. 저는 24학번 이현지예요.

4) 가: 오늘 발표를 잘할 수 있을까요? 처음이라 너무 (   )

나: (   ) 처음은 다 긴장돼요. 그래도 잘할 거예요.

3 다음 어휘로 문장을 만들어 보세요.

1) 혹시 ______________________________

2) 원래 ______________________________

3) 근처 ______________________________

4) 긴장하다 ______________________________

표현 1
Expression 1

N처럼

받침 O, X	처럼	선배님처럼 / 친구처럼

- 꼭 선배처럼 보여요.
- 동생은 강아지처럼 귀여워요.
- 오늘 날씨가 여름처럼 더워요.
- 그 사람은 모델처럼 키가 커요.

1 보기와 같이 문장을 완성하세요.

강아지	바람	사람	산	아이	엄마	그림자	음악

아이들은 (강아지처럼) 뛰어다녀요.

1) 유미 씨의 목소리는 ( ) 아름다워서 항상 듣고 싶어요.

2) 가: 웨이 씨는 어떻게 살고 싶어요?

나: 저는 항상 ( ) 자유롭게 살고 싶어요.

3) 이 자화상은 사실적이라서 뛰어가면서 보면 진짜 ( ) 보여요.

4) 마유코 씨는 잔소리를 많이 해서 가끔씩 ( ) 보여요.

5) 가: 이따 저녁에 같이 밥 먹고 영화 보러 갈래요?

나: 미안해요. 과제가 ( ) 많아서 아무것도 할 수가 없어요.

2 보기와 같이 문장을 완성하세요.

 그 말은 __거짓말처럼__ 느껴져서 믿을 수 없어요.

1) 지영 씨는 ________________ 마음이 넓어요.

2) 제 룸메이트는 ________________ 조용해서 발자국 소리도 안 들려요.

3) ________________ 따뜻한 사람이 제 이상형이에요.

4) 가: 민수 씨가 아직 안 왔어요.

나: 민수 씨는 원래 ________________ 정확하게 시간을 지키는데 이상하네요.

5) 가: 제가 몇 살처럼 보여요?

나: ________________

3 옆 사람과 이야기하세요.

안녕하세요. 제 이름은 나즈라예요.
제가 몇 살처럼 보여요?
제가 무슨 학과처럼 보여요?
제가 어느 나라 사람처럼 보여요?
이상형이 있어요?

23살처럼 보여요.
패션디자인과처럼 보여요.
말레이시아 사람처럼 보여요.
배우처럼 잘생겨야 해요.

____

____

____

____

표현2
Expression 2

V/A-(으)ㄴ/는 편이에요

A	받침 O	은 편이에요	많은 편이에요
	받침 X	ㄴ 편이에요	싼 편이에요
V	받침 O, X	는 편이에요	먹는 편이에요 마시는 편이에요

- 오늘은 도서관에 사람들이 많은 편이에요.
- 우리 강아지는 조용한 편이에요.
- 티엔 씨는 한국 음식을 잘 먹는 편이에요.
- 저는 술을 거의 안 마시는 편이에요.

보기와 같이 문장을 완성하세요.

보기 이 식당은 가격이 (싸다) 싼 편이에요.

1) 저는 한 달에 책을 세 권 정도 읽어요. 책을 많이 (읽다) ______________

2) 여기는 겨울에 날씨가 (춥다) ______________ 옷을 두껍게 입어야 돼요.

3) 한국은 택배 배송이 다른 나라보다 (빠르다) ______________

4) 저는 노래방에 가면 발라드를 주로 (부르다) ______________

5) 그 드라마는 이야기가 흥미진진해서 (재미있다) ______________

6) 요즘은 비도 잘 안 오고 날씨가 (좋다) ______________

보기와 같이 대화를 완성하세요. 이유도 설명하세요.

보기 가: 그 영화 어땠어요?

나: 생각보다 재미있는 편이었어요. 배우들의 연기가 좋았어요.

1) 가: 카페에 자주 가세요?

나: ______________________________

2) 가: 지난주에 많이 바빴어요?

나: ______________________________

3) 가: 주말에는 보통 뭐 해요?

나: ______________________________

4) 가: 그 사람은 성격이 어때요?

나: ______________________________

옆 사람과 이야기하세요.

한국 생활은 어때요?
전공 공부는 어때요?
요즘 기분이 어때요?
인간관계는 어때요?

재미있는 편이에요.
아직은 조금 어려운 편이에요.
다 새롭고 즐거워서 기분도 좋은 편이에요.
사람들과 잘 어울리는 편이라서 친구가 많아요.

____

____

____

____

표현3
Expression 3

V-게(목적)

받침 O, X	게	이야기하게, 먹게

- 가: 죄송하지만 공부하게 좀 조용히 해 주세요.

  나: 네, 죄송합니다.
- 매일 꾸준히 운동하게 계획을 세웠어요.
- 아이들이 골고루 먹게 다양한 음식을 준비했어요.

1 보기와 같이 문장을 완성하세요.

이해하다 ~~타다~~ 해결하다 즐기다 유지하다 얻다

 바로 버스를 (타게) 미리 교통카드를 준비했어요.

1) 좋은 결과를 ( ) 최선을 다하고 있어요.

2) 좋은 성적을 ( ) 꾸준히 공부해야 돼요.

3) 여행을 충분히 ( ) 여유가 있는 일정을 계획했어요.

4) 문제가 생기면 빨리 ( ) 하려고 전문가를 불렀어요.

5) 무슨 상황이에요? 제가 정확히 ( ) 자세히 설명해 주세요.

2 보기와 같이 대화를 완성하세요.

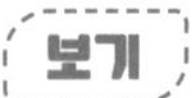

가: 요즘 체력이 많이 떨어졌어요.

나: 그럼 체력을 기르게 운동을 시작해 보세요.

1) 가: 퀴즈 준비를 어떻게 하고 있어요?

나: 퀴즈를 잘 ______________________________

2) 가: 신입생 오리엔테이션에서는 무엇을 설명해 줬어요?

나: 신입생들이 학교에 쉽게 ______________________________

3) 가: 다음 학기에 꼭 장학금을 받고 싶어요.

나: 그럼 학점을 잘 ______________________________

4) 가: 과제 제출했어요? 기한이 내일까지예요.

나: 네, 과제를 기한 내에 ______________________________

3 옆 사람과 이야기하세요.

장학금을 받으려면
어떻게 해야 돼요?

장학금을 받으려면 학점이 높아야 돼요.
학점을 잘 받게 출석을 신경 쓰세요.

질문	조언
장학금	학점, 출석
과제 점수	
한국어	

말하기 1
Speaking 1

이번 학기의 계획을 메모하고 옆 사람과 <보기>와 같이 이야기하세요.

아침에 일찍 일어나기

적극적으로 친구 사귀기

가: 이번 학기에 계획이 있어요?

나: 네, 저는 아침에 늦게 일어나는 편이에요.
그래서 일찍 일어나게 일찍 잘 거예요.

가: 몇 시에 잘 거예요?

나: 어린아이처럼 9시에 잘 거예요.
이번 학기에 계획이 있어요?

가: 저는 소극적인 편이에요. 그래서 이번 학기에는 친구를 많이 사귀게 여러 가지 활동을 할 거예요.

나: 무슨 활동이요?

가: 동아리도 가입하고 친구들에게 사람들 소개도 받을 거예요.

나: 많이 바빠지겠어요.

가: 네, 꿀벌처럼요.

말하기 2
Speaking 2

두 사람이 함께 대화문을 만들어 보세요.

아래의 표현을 반드시 한 번 이상 사용해야 해요.

1) N처럼

2) V/A-(으)ㄴ/는 편이에요

3) V-게

대화문을 보지 않고 사람들 앞에서 대화해 보세요.

쿠키 오디오
Credit Cookie

진티엔　학교 근처에 이런 데가 있는지 몰랐어요.

나즈라　분위기 괜찮죠? 진티엔 씨는 뭐 드실래요? 여기 커피 맛있어요.

진티엔　저는 커피 마시면 잠을 잘 못 자서 디카페인으로 할게요.

나즈라　아, 여기 레모네이드도 맛있어요.

진티엔　그럼 그거 마실게요.

점　원　주문하시겠어요?

나즈라　아이스아메리카노 하나랑 레몬에이드 하나 주세요.

점　원　만천 원입니다.

진티엔　제가 살게요.

나즈라　어, 제가 오자고 했으니까 제가 살게요. 다음에 사 주세요.

진티엔　잘 마실게요. 다음에는 꼭 제가 살게요.

듣고 따라하세요.

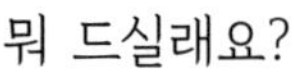

뭐 드실래요?

주문하시겠어요?

제가 살게요. 다음에 사 주세요

잘 마실게요.

MEMO

2장

조별 과제

☆ 조별 과제를 좋아해요?

☆ 조별 과제를 해 본 적이 있어요?

듣기
Listening

마유코 티리 씨, 어제 '한국의 이해' 수업에 왜 결석했어요?

티 리 몸이 안 좋아서 못 일어났어요.

마유코 지금은 좀 괜찮아요?

티 리 네, 다 나았어요.

마유코 다행이네요. 그런데 어제 수업 시간에 교수님께서 조별 과제가 있다고 하셨어요. 저랑 티리 씨, 흐엉 씨가 같은 조예요.

티 리 정말요? 저는 조별 과제가 처음이에요. 어떻게 하지요? 걱정이네요.

마유코 저도 처음이에요. 어제 선배한테 물어보니까 선배가 먼저 조원들과 주제를 정하고 역할을 나누라고 했어요.

티 리 아, 그럼 먼저 약속 시간을 정할까요? 제가 흐엉 씨에게 전화할게요.

마유코 좋아요. 그리고 미리 주제와 역할을 생각하고 만나면 좋겠어요.

티 리 그게 좋겠네요. 흐엉 씨한테 미리 주제와 역할을 생각하고 만나자고 할게요.

마유코 네, 고마워요.

결석하다	낫다	다행이다	조원	주제
역할	정하다	나누다		

이해하기
Comprehension

1 이 사람들 무슨 수업을 들어요?

____

2 들은 내용과 같으면 ○, 다르면 X로 표시하세요.

1) 티리는 흐엉에게 전화할 거예요. ( )

2) 마유코, 티리, 흐엉은 같은 조예요. ( )

3) 마유코는 조별 과제를 해 본 적이 없어요. ( )

4) 마유코와 티리는 조별 과제의 주제를 정했어요. ( )

 세 사람은 만나기 전에 무엇을 준비할 거예요?

1) 조 이름

2) 과제 요약

3) 발표 자료

4) 주제와 역할

 티리는 어제 수업에 왜 결석을 했어요?

어휘
Vocabulary

1 아는 것에 표시해 보세요.

☐ 결석하다	☐ 낫다	☐ 다행이다	☐ 조원
☐ 역할	☐ 정하다	☐ 나누다	☐ 주제

2 알맞은 것을 연결해 보세요.

1)	병 •	• 낫다
2)	주제 •	• 나누다
3)	역할 •	• 정하다
4)	수업 •	• 결석하다

3 빈칸에 알맞은 말을 써 보세요.

1) 가: 감기는 좀 어때요?
   나: 약을 먹고 쉬어서 많이 (   )

2) 가: 승혜 씨가 교통사고가 났는데 다치지는 않았어요.
   나: 다치지 않아서 정말 (   )

3) 가: 이번 발표 (   ) 뭐예요?
   나: '일회용품과 환경문제'예요.

4) 가: 이번 조별 과제는 몇 명이 함께 해요?
   나: 우리 (   ) 모두 다섯 명이에요. 제 (   ) 자료 준비인데, 혼자는 다 못 할 것 같아요.
   가: 그럼 다른 사람들과 (   ) 해야겠어요.

4 다음 어휘로 문장을 만들어 보세요.

1) 결석하다 ________________________________

2) 낫다 ________________________________

3) 역할 ________________________________

4) 나누다 ________________________________

표현 1
Expression 1

V/A-네요, N이네요

V, A	받침 O, X	네요	먹네요, 좋네요, 가네요, 바쁘시네요
N	받침 O, X	이네요	걱정이네요, 다행이네요

* N(받침 X)네요

- 오늘 날씨가 정말 춥네요.
- 음식이 아주 맛있네요.
- 오늘이 벌써 금요일이네요.
- 잘 됐네요.

1 보기와 같이 문장을 완성하세요.

재미있다 길다 부르다 어울리다 배우 휴대폰 감동적

보기 이 수업 정말 재미있네요!

1) 가: 저기 저 사람 되게 멋있지 않아요?
   나: 저 사람 (   ). 영화를 봤는데 이름이 기억이 안 나요.

2) 가: 오늘 하루가 너무 (   )
   나: 왜요? 오늘 무슨 일이 있었어요?

3) 가: 이 노래 어때요? 가사가 정말 아름다워요.
   나: 그렇네요. 가사가 참 (   )

4) 가: 이 휴대폰 케이스 어때요?

나: 귀여워서 히나 씨랑 잘 (   )

5) 가: 아까부터 계속 휴대폰 진동 소리가 들려요.

나: 아, 제 (   )

2 보기와 같이 대화를 완성하세요.

보기 가: 어때요? 나오니까 기분이 좋지요?

나: 네, 바람이 시원해서 기분이 좋아지네요.

1) 가: 맛이 어때요? 제가 직접 만들었어요.

나: ______________________________

2) 가: 유빈 씨가 며칠째 연락이 안 돼요.

나: ______________________________

3) 가: 이것 좀 봐요. 아기 고양이 영상인데 요즘 인기가 많아요.

나: ______________________________

4) 가: 봐요! 비가 와요. 제가 얘기했지요?

나: ______________________________

3 옆 사람과 이야기하세요.

저는 이 배우를 좋아해요. 어때요?
저는 이 음악을 좋아해요. 어때요?
제 고향 사진이에요. 어때요?
멋있네요.
신나네요.
정말 아름답네요.

____

____

____

표현 2
Expression 2

간접화법

평서문	V	받침 O	는다고 해요	먹는다고 해요
		받침 X	ㄴ다고 해요	간다고 해요
	A	받침 O, X	다고 해요	멋지다고 해요
의문문	V, A	받침 O, X	냐고 해요	가냐고 해요
명령문	V	받침 O	으라고 해요	먹으라고 해요
		받침 X	라고 해요	말하라고 해요
청유문	V	받침 O, X	자고 해요	공부하자고 해요

- 발표 순서는 다음 주에 정한다고 해요.
- 교수님께서 조별 과제가 있다고 하셨어요.
- 선배가 주제와 역할을 나누라고 했어요.
- 친구가 앞으로 도서관에서 같이 공부하자고 해요.

※ -아/어 주세요

민수: 미나 씨를 좀 도와 주세요. → 미나 씨를 도와 주래요.

민수: 저를 좀 도와 주세요 → 민수 씨를 좀 도와 달래요.

1 보기와 같이 간접화법으로 바꿔 쓰세요.

티리: 몸이 안 좋아서 못 일어났어요.

→ 티리 씨가 몸이 안 좋아서 못 일어났대요.

1) 선배: 다음에 같이 밥 한번 먹어요.

→ ______________________________

2) 지연: 저는 보통 도서관에 있어요.

→ ______________________________

3) 교수: 다음 주까지 공결 신청을 하세요.

→ ______________________________

4) 미진: 혹시 내일 시간이 되세요?

→ ______________________________

5) 티안: 저는 주말마다 아르바이트를 해요.

→ ______________________________

2 보기와 같이 간접화법으로 바꿔 쓰세요.

보기 에바: 한국어를 잘 못해요. 천천히 말해 주세요.

→ 에바 씨가 한국어를 잘 못한대요. 천천히 말해 달라고 했어요.

1) 직원: 제출 기한이 내일까지예요. 서류를 내일까지 제출해 주세요.

→ ______________________________

2) 교수: 중요한 공지가 있어요. 이 내용을 학생들에게 공지해 주세요.

→ ______________________________

3) 웨이: 여러분, 지금부터 루이 씨가 발표할 거예요. 발표를 잘 들어 주세요.

→ ______________________________

4) 크리스틴: 음악 소리가 시끄러워요. 소리를 좀 줄여 주세요.

→ ______________________________

 옆 사람과의 대화를 메모하세요. 그리고 다른 사람에게 전해 주세요.

이름: 타니야

- 주말마다 아르바이트 해요.
- 세븐틴 좋아해요.
- 세븐틴 알아요?
- K-pop 동아리 가입해요.

저 분의 이름은 타니야라고 해요. 타니야 씨는 주말마다 아르바이트를 한다고 해요. 그리고 세븐틴을 좋아한다고 해요. 저에게 세븐틴을 아냐고 했어요. 저는 세븐틴을 알아요. 그래서 같이 K-pop 동아리에 가입하자고 했어요.

표현3
Expression 3

N한테(서)

받침 O, X	한테, 한테서	점원한테, 친구한테

- 친구한테 책을 빌렸어요.
- 친구한테서 책을 빌렸어요.
- 친구한테 책을 빌려줬어요. O
- 친구한테서 책을 빌려줬어요. X

보기와 같이 맞는 것에 ○ 하세요.

어제 친구 (한테 / 한테서) 이 책을 빌렸어요.

1) 집 근처에 길고양이가 있어서 고양이 (한테 / 한테서) 밥을 줬어요.

2) 퀴즈 범위를 몰라서 친구 (한테 / 한테서) 물어봤어요.

3) 룸메이트 (한테 / 한테서) 들었어요. 미나 씨가 오늘 못 온다고 해요.

4) 생일이라서 고향 친구 (한테 / 한테서) 축하 연락을 받았어요.

5) 공결 신청서는 조교 (한테 / 한테서) 제출하면 됩니다.

 보기와 같이 대화를 완성하세요.

가: 이 선물은 누구에게 줄 거예요?
나: 동생한테 보내 줄 거예요. 곧 생일이거든요.

1) 가: 무슨 전화를 그렇게 오래 해요? 누구 전화예요?
나: ______________________________

2) 가: 발표를 누구에게 맡길까요?
나: ______________________________

3) 가: 서점에도 안 파는데 이 책을 어떻게 구했어요?
나: ______________________________

4) 가: 그 얘기를 어떻게 알아요? 비밀이라서 아무도 모르는데.
나: ______________________________

 옆 사람과 이야기하세요.

누구한테 주로 전화해요?
누구한테서 가장 많이 연락이 와요?
누구한테서 가장 많이 도움을 받아요?
최근에 누구한테 편지를 썼어요?

____
____
____
____

말하기 1
Speaking 1

최근에 무슨 얘기를 들었어요? 옆 사람에게 이야기하세요.

보기

가: 최근에 무슨 얘기를 들었어요?

나: 학과 조교님한테서 메일이 왔어요.

가: 무슨 내용이었어요?

나: 조교님이 다음 주에 휴가를 간다고 해요.

가: 와, 부럽네요.

나: 네, 그래서 다음 주에는 연락을 받을 수 없다고 했어요.
무슨 일이 있으면 메일을 보내 달라고 했어요.
그리고 다녀와서 만나자고 했어요.

나: 네, 조교님이 친절하네요.

저는 학과 조교예요.
저는 다음 주에 휴가를 가요. 그래서 다음 주에는 연락을 받을 수 없어요. 무슨 일이 있으면 메일을 보내 주세요. 다녀와서 만나요!

룸메이트 아리나예요. 오늘부터 도서관에서 근로학생으로 일하게 됐어요. 늦게 들어 가야 해서 카톡을 보내요. 혹시 빌리고 싶은 책이 있어요? 빌리고 싶은 책이 있으면 얘기하세요. 퇴근하면서 대신 빌려 줄게요.

안녕하세요. 저 '한국의 이해' 수업의 쏨이에요. 오늘 결석을 하셨지요? 제가 조장이라서 연락을 했어요. 조별 발표가 다음 주예요. 발표가 얼마 남지 않았으니까 앞으로는 결석하지 말아 주세요. 그리고 발표 자료도 빨리 보내 주세요.

말하기 2
Speaking 2

두 사람이 함께 대화문을 만들어 보세요.

아래의 표현을 반드시 한 번 이상 사용해야 해요.

1) V/A-네요, N이네요
2) 간접화법
3) N한테(서)

대화문을 보지 않고 사람들 앞에서 대화해 보세요.

쿠키 오디오
Credit Cookie

흐엉　여보세요.

티리　흐엉 씨, 어디예요?

흐엉　저 집이에요. 근데 어제 왜 결석했어요?

티리　좀 아팠는데 많이 나았어요.

흐엉　나아서 다행이에요. 몸 잘 챙겨요.

티리　고마워요. 흐엉 씨. 다른 게 아니고 우리 조별 과제 때문에 연락했어요. 마유코 씨가 우리가 같은 조라고 하더라고요.

흐엉　아, 맞아요.

티리　주말에 만나서 주제랑 역할을 정하면 좋겠는데, 토요일 오후에 시간 돼요?

흐엉　네, 괜찮아요. 어디에서 볼까요?

티리　2시에 도서관 스터디룸에서 볼까요?

흐엉　네, 뭐 준비해야 될까요?

티리　주제하고 뭐 맡을지 생각해 오면 좋을 것 같아요.

흐엉　네네, 토요일에 봐요.

티리　네, 들어가세요.

듣고 따라하세요.

여보세요.

저 집이에요.

몸 잘 챙겨요.

다른 게 아니고

토요일 오후에 시간 돼요?

네네, 토요일에 봐요.

네, 들어가세요.

MEMO

3장

은행

☆ 통장을 만들어 봤어요?

☆ 통장을 만들 때 뭐가 필요해요?

듣기
Listening

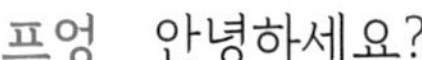

프엉 안녕하세요?

직원 네, 안녕하세요? 고객님, 어떻게 오셨어요?

프엉 통장을 만들려고요.

직원 신분증 가지고 오셨죠?

프엉 네, 여기 있어요.

직원 먼저 이 양식대로 신청서를 써 가지고 저한테 주세요.

프엉 네, 여기 말씀대로 다 했어요.

직원 그러면 통장 비밀번호 네 자리를 눌러 주세요.
비밀번호는 생일이나 전화번호 같은 걸로 하시면 안 돼요.

프엉 네, 미리 만들어 가지고 왔어요.

직원 혹시 체크카드는 안 필요하세요?

프엉 필요해요. 교통카드 기능도 넣어 주세요. 그리고 모바일 뱅킹도 신청할게요.

직원 네, 알겠습니다. 우선 체크카드 비밀번호 네 자리를 눌러 주세요.

프엉 네.

직원 고객님, 여기 통장이랑 체크카드 나왔습니다.
모바일 뱅킹은 안내대로 하시면 크게 어렵지 않을 거예요.
더 필요하신 건 없으세요?

프엉 없어요. 감사합니다.

고객	통장	신분증	신청서	비밀번호	
누르다	체크카드	기능	모바일 뱅킹	크게	안내

이해하기
Comprehension

1. 프엉은 왜 은행에 왔어요?

____

2. 들은 내용과 같으면 O, 다르면 X로 표시하세요.

1) 통장 비밀번호는 생일이나 전화번호도 괜찮아요. ( )

2) 프엉은 교통카드를 따로 만들었어요. ( )

3) 프엉은 비밀번호를 은행에 와서 만들었어요. ( )

4) 모바일 뱅킹 사용은 별로 안 어려울 거예요. ( )

3. 프엉이 은행에서 한 일을 모두 고르세요.

1) 통장 만들기

2) 신분증 신청하기

3) 체크카드 만들기

4) 모바일 뱅킹 신청하기

4. 모바일 뱅킹 사용은 어려워요?

____

어휘
Vocabulary

1 아는 것에 표시해 보세요.

□ 누르다	□ 기능	□ 신청서	□ 고객	□ 체크카드
□ 크게	□ 신분증	□ 모바일 뱅킹	□ 비밀번호	

2 빈칸에 알맞은 말을 써 보세요.

1) 가: 안녕하세요? (　　　　　　　　　　), 무엇을 도와드릴까요?
   나: 노트북 로그인이 안 돼서 그러는데요.

2) 가: 몇 층 가세요?
   나: 3층 좀 (　　　　　　　　　　)? 감사합니다.

3) 가: 통장을 만들고 싶은데요.
   나: 여기 이 (　　　　　　)를 써 주세요. 그리고 (　　　　　　)도 보여 주세요.

4) 가: 이 휴대폰은 (　　　　　　　　)이 다양하네요. 사용은 어렵지 않아요?
   나: 네, 사용 설명서를 보고 하시면 (　　　　　　　　) 어렵지 않을 거예요.

3 다음 어휘로 문장을 만들어 보세요.

1) 신청서 ______________________________

2) 기능 ______________________________

3) 크게 ______________________________

4) 누르다 ______________________________

표현 1
Expression 1

V-(으)려고요

받침 O	-으려고요	먹으려고요
받침 X	-려고요	가려고요

- 학생 식당에서 점심을 먹으려고요.
- 주말에 백화점에서 쇼핑하려고요.
- 가: 수업이 끝나고 뭐 할 거예요?
  나: 친구하고 커피 마시려고요.
- 가: 방학에 어디에 갈 거예요?
  나: 부산에 가려고요.

보기와 같이 문장을 완성하세요.

주다	먹다	바꾸다	찾다	하다	가다

보기
가: 꽃을 왜 샀어요?
나: 오늘이 친구 생일이에요. 친구한테 (주려고요).

1) 가: 주말에 뭐 할 거예요?
나: 오랜만에 친구하고 산에 ( )

2) 가: 은행에 왜 가요?
나: 현금이 필요해서 돈을 ( )

3) 가: 어떻게 오셨어요?
나: 달러를 한국 돈으로 ( )

4) 가: 티리 씨, 오늘 휴일인데 학교에 왜 가요?
나: 친구하고 조별 과제를 ( )

5) 가: 과자랑 음료수를 많이 샀네요?
나: 내일 시험이 있어요. 오늘 저녁에 공부하면서 ( )

2 보기와 같이 문장을 완성하세요.

보기 가: 한국말이 어렵죠?

나: 네, 어려워요. 그래서 열심히 하려고요.

1) 가: 학교 앞에 카페가 새로 생겼대요.

나: 네, 저도 들었어요. ______________________________

2) 가: 비가 오네요. 우산 있어요?

나: 아니요, 없어요. 그래서 ______________________________

3) 가: 주말에 뭐 해요?

나: ______________________________

4) 가: 조별 과제 다 했어요?

나: ______________________________

옆 사람과 이야기하세요.

토픽 3급 있어요?
방학에 뭐 할 거예요?
주말에 뭐 해요?
졸업 후에 뭐 할 거예요?
저녁에 뭐 먹을 거예요?

아니요, 없어요. 이번에 도전해 보려고요.
친구랑 경주에 가려고요.
서울 시내 구경을 하려고요.
고향에 돌아가려고요.
다이어트해서 안 먹으려고요.

표현 2
Expression 2

V/A-아/어 가지고

ㅏ, ㅗ O	아 가지고	사 가지고
ㅏ, ㅗ X	어 가지고	만들어 가지고
하다	해 가지고	깨끗해 가지고

- 제가 김밥을 만들어 가지고 갈게요.
- 빨리 졸업해 가지고 취직하고 싶어요.
- 요즘 너무 바빠 가지고 친구를 만날 시간이 없어요.
- 조금 전에 빵을 많이 먹어 가지고 점심을 못 먹겠어요.

1 **보기와 같이 문장을 완성하세요.**

사다 준비하다 만들다 찾다 긴장하다 아프다 재미있다

보기 친구 생일에 꽃을 사 가지고 갔어요.

1) 은행에 갈 때 신분증을 꼭 ______________________ 가세요.

2) 친구가 샌드위치를 ______________________ 와서 같이 먹었어요.

3) 집에 올 때 은행에서 돈 좀 ______________________ 오세요.

4) 너무 ______________________ 면접을 잘 못 봤어요.

5) 그 드라마가 너무 ______________________ 두 번이나 봤어요.

6) 어제 머리가 너무 ______________________ 학교에 못 갔어요.

2 알맞은 것을 골라 다음 글을 완성하세요.

가다 되다 준비하다 도와주다 뽑다 늘다

오늘 은행에 (가 가지고) 통장을 만들었어요. 은행에 갈 때 신분증을 ( ) 갔어요. 은행에 들어가서 번호표를 ( ) 기다렸어요. 조금 뒤 제 차례가 ( ) 창구로 갔어요. 은행 직원이 신분증을 보여 달라고 했어요. 그리고 신청서를 쓰고 서명을 하라고 했어요. 그런 다음 비밀번호 네 자리를 눌렀어요. 한국에 와서 통장을 만드는 것이 처음이어서 긴장을 많이 했어요. 그런데 은행 직원이 친절하게 ( ) 금방 끝났어요. 한국에서 할 수 있는 일이 하나 더 ( ) 뿌듯했어요.

 옆 사람과 이야기하세요.

병원에 왜 갔어요?
친구하고 왜 싸웠어요?
왜 지각했어요?
김치를 왜 못 먹어요?
왜 운동을 안 해요?

머리가 너무 아파 가지고 갔어요.
약속시간에 늦어 가지고 싸웠어요.
늦잠을 자 가지고 지각했어요.
매워 가지고 못 먹어요.
시간이 없어 가지고 못 해요.

표현3
Expression 3

N대로

받침 O, X	대로	말씀대로, 설명서대로

- 선생님 말씀대로 열심히 하겠습니다.
- 차례대로 발표를 해 주세요.
- 이 양식대로 써 주세요.
- 레시피대로 만들었어요.

보기와 같이 문장을 완성하세요.

안내	**약속**	레시피	순서	예정	마음

보기 (약속대로) 오늘은 내가 점심을 사지요.

1) 은행 창구에서는 번호표 ( ) 부릅니다.

2) 친구가 준 ( ) 했는데 맛이 없어요.

3) 비가와도 ( ) 행사를 진행합니다.

4) 가: 교수님, 발표 주제를 ( ) 정할 수 있어요?

나: 아니요. 주제 몇 개 중에서 고르세요.

5) 가: 오늘 통장 개설해 보니까 어때요?

나: 은행직원 ( ) 하니까 쉽던데요.

 보기와 같이 대화를 완성하세요.

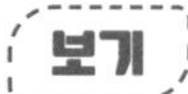
가: 토요일에 어디에 갈까요?

나: (계획) 계획대로 경복궁에 갑시다.

1) 가: 누가 제일 먼저 발표할까요?

나: (차례) ________________

2) 가: 이 에어팟 어떻게 사용해요?

나: (설명서) ________________

3) 가: 무엇에 대해서 글을 쓸까요?

나: (자기생각) ________________

4) 가: 시험 결과 잘 나왔어요?

나: (예상) ________________

5) 가: 이 책들을 어떻게 정리할까요?

나: ________________

 옆 사람과 이야기하세요.

직원: 어떻게 오셨어요?
고객: 돈을 바꾸려고요.
직원: 이 신청서에 사인을 해 주세요.
오늘 환율대로 바꿔드리겠습니다.

고객	직원
(은행) 돈을 바꾸다	신청서 사인, 환율
(서비스센터) 노트북 수리	번호표 뽑다, 순서
(약국) 감기약 사다	복용법, 이 약을 먹다

말하기 1
Speaking 1

은행에 가서 뭘 해 봤어요? 친구와 이야기하세요.

질문	[보기]	나
뭘 하러 갔어요?	ATM으로 현금 찾기	
뭘 준비해서 갔어요?	현금 카드	
어떻게 했어요?	ATM 화면 안내	
어땠어요?	쉽다	

보기

나디아: 안나 씨, 은행에서 어떤 일 해 봤어요?

안　나: ATM으로 현금을 찾아 봤어요.

나디아: 뭘 가지고 갔어요?

안　나: 저는 현금카드를 가지고 갔어요. 통장을 가지고 가도 돼요.

나디아: 돈을 찾는 게 어렵지 않았어요?

안　나: 네, 화면 안내대로 하니까 쉽던데요.
그리고 화면에 여러 나라 언어로 안내를 해 주는 서비스도 있어요.

나디아: 그래요? 잘 됐네요.
내일 통장에 돈을 넣으러 가야 하는데 ATM으로 하면 되겠네요.

말하기 2
Speaking 2

두 사람이 함께 대화문을 만들어 보세요.

아래의 표현을 반드시 한 번 이상 사용해야 해요.

1) V-(으)려고요
2) V/A-아/어 가지고
3) N대로

대화문을 보지 않고 사람들 앞에서 대화해 보세요.

쿠키 오디오
Credit Cookie

은지 프엉 씨, 은행 잘 다녀왔어요?
오늘 같이 못 가서 너무 미안해요.

프엉 아니에요. 생각보다 통장 만들기 어렵지 않았어요.

은지 그래요? 대단해요. 프엉 씨.

프엉 아, 뭘요, 근데 집에 오니까 긴장이 풀리네요.
은행에서 계속 긴장해 있었거든요.

은지 그래요? 진짜 고생했어요.
그런 의미에서 제가 오늘 맛있는 거 살게요.
삼계탕 어때요? 근처에 삼계탕 잘하는 집 있어요.

프엉 와! 좋아요. 저 삼계탕 너무 좋아해요. 근데, 오늘은 제가 살게요.
저 체크카드 만들었어요. 한번 써 보고 싶어요.

은지 네에? 아? 그래요?
그럼 삼계탕은 제가 사고 밥 먹고 나서 커피 사 주세요.

프엉 그럴까요?

듣고 따라하세요.

긴장이 풀리네요.
진짜 고생했어요.
너무 좋아해요.
한번 써 보고 싶어요.
그럴까요?

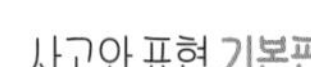

MEMO

동아리

☆ 여러분은 어떤 동아리에 가입하고 싶어요?

☆ 동아리 활동을 하면 어떤 점이 좋을까요?

듣기
Listening

앤디 민수 씨, 요즘 학교생활 어때요?

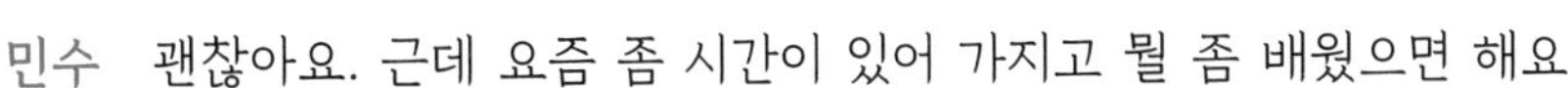

민수 괜찮아요. 근데 요즘 좀 시간이 있어 가지고 뭘 좀 배웠으면 해요.

앤디 그래요? 잘됐네요. 혹시 탁구에 관심 없어요? 탁구 한번 해 보실래요?

민수 탁구요?

앤디 네. 제가 이번 학기에 탁구 동아리에 가입했는데 신입생이 저밖에 없어요.
같이 하면 좋을 것 같은데 어때요?

민수 음...저도 운동은 좋아하는데 탁구는 아직 칠 줄 몰라요.

앤디 칠 줄 몰라도 괜찮아요. 동아리 선배들이 가르쳐 준대요.
오늘 저랑 같이 가입하러 갈래요? 제가 오늘밖에 시간이 없어서요.

민수 글쎄, 근데 탁구 동아리에서 주로 뭘 해요?

앤디 탁구를 잘 치는 선배들한테 탁구를 배운다거나 팀을 나눠서 경기를 한다거나 해요.

민수 음...탁구도 배우고 운동도 하고 좋을 것 같네요.

앤디 맞아요. 그리고 한 달에 한 번 다른 학교랑 경기도 한대요.

민수 그래요? 그럼 친구도 많이 사귈 수 있겠네요. 좋아요. 탁구 동아리는 어디에 있어요?

앤디 학생회관 3층에 있어요.

동아리	가입하다	탁구	치다	사귀다	경기
학생회관	좀	주로	근데	글쎄	관심

이해하기
Comprehension

1 두 사람은 무엇에 대해 이야기해요?

____

2 들은 내용과 같으면 ○, 다르면 X로 표시하세요.

1) 탁구 동아리에 신입생이 많아요. ( )

2) 탁구를 칠 줄 모르면 동아리에 가입할 수 없어요. ( )

3) 탁구 동아리에서는 매월 다른 학교와 경기를 해요. ( )

4) 민수는 오늘 탁구 동아리에 가입할 거예요. ( )

3 탁구 동아리에서 하지 <u>않는 것</u>을 고르세요.

1) 팀을 나눠서 경기를 해요.

2) 선배한테 탁구를 배워요.

3) 다른 학교 친구를 사귈 수 있어요.

4) 여러 가지 운동을 해요.

4 두 사람은 지금 어디에 갈 거예요?

____

어휘
Vocabulary

1 아는 것에 표시해 보세요.

☐ 동아리	☐ 가입하다	☐ 사귀다	☐ 경기	☐ 주로
☐ 좀	☐ 관심	☐ 글쎄	☐ 치다	

2 빈칸에 알맞은 말을 써 보세요.

1) 가: 수혁 씨, 지아 씨가 왜 화가 났어요?
   나: (   ), 저도 잘 모르겠어요.

2) 가: 유나 씨는 시간이 있을 때 (   ) 뭘 해요?
   나: 저는 시간이 있을 때마다 산책해요.

3) 가: 루이 씨는 왜 한국으로 유학을 왔어요?
   나: 저는 한국 문화에 (   ) 많아요.
   한국에서 직접 한국 문화를 체험해 보고 싶어서 유학을 왔어요.

4) 가: 수지 씨는 한국에 온 지 얼마나 됐어요?
   나: 1년 6개월쯤 됐어요.
   가: 그럼 그동안 친구들도 많이 (   )겠네요.

3 다음 어휘로 문장을 만들어 보세요.

1) 좀 ______________________________

2) 주로 ______________________________

3) 관심 ______________________________

4) 가입하다 ______________________________

표현 1
Expression 1

N밖에

- 돈이 만 원밖에 없어요.
- TOPIK 시험을 한 번밖에 안 봤어요.
- 이 책을 한 번밖에 안 읽었어요.
- 저는 하루에 커피를 한 잔밖에 안 마셔요.

보기와 같이 문장을 완성하세요.

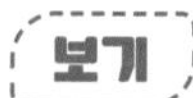

그 책을 한 번만 읽었어요.

→ 그 책을 한 번밖에 안 읽었어요.

1) 저는 주말에만 운동해요.

→ ______________________________

2) 오늘 학생들이 세 사람만 왔어요.

→ ______________________________

3) 나나 씨는 과일하고 야채만 먹어요.

→ ______________________________

4) 강의실에서는 한국말만 써요.

→ ______________________________

보기와 같이 문장을 완성하세요.

가: 볼펜 하나 빌려줄 수 있어요?

나: 미안해요, 저도 하나밖에 없어요.

1) 가: 한국에서 산 지 오래 되었어요?

나: 아니요, ______________________________

2) 가: 집에서 학교까지 멀어요?

나: 아니요, ______________________________

3) 가: 책값이 만 원인데 ______________________________

나: 천 원은 제가 빌려드릴게요.

4) 가: 과제 제출 시간이 많이 남았어요?

나: 아뇨, ______________________________

가: 그럼 30분 안에 빨리 끝내야겠네요.

옆 사람과 이야기하세요.

하루에 몇 시간 자요?
한국 친구가 몇 명 있어요?
할 수 있는 운동이 많아요?
한국에서 여기저기 여행을 많이 다녔어요?

____

____

____

____

표현 2
Expression 2

V-(으)래요?

받침 O	을래요	먹을래요
받침 X	ㄹ래요	갈래요

- 저는 비빔밥을 먹을래요.
- 이번 방학에는 수영을 배워 볼래요.
- 오늘 너무 피곤해서 집에 있을래요.
- 가: 오늘 점심 같이 먹을래요?

  나: 미안해요. 오늘 약속이 있어요.

1 보기와 같이 문장을 완성하세요.

보기 점심을 같이 (먹다) 먹을래요?

1) 영화를 보러 가는데 같이 (가다) ____________________?

2) 한국 요리를 같이 (배우다) ____________________?

3) 주말에 같이 (운동하다) ____________________?

4) 시간이 있으면 저 좀 (도와주다) ____________________?

5) 더워요. 에어컨 좀 (켜 주다) ____________________?

6) 음악을 같이 (듣다) ____________________?

보기와 같이 대화를 완성하세요. 이유도 설명하세요.

가: 오늘 점심에 김치찌개 먹을래요?

나: 좋아요. 저도 김치찌개 좋아해요.

1) 가: 주말에 ____?

나: 좋아요. 저도 전통시장에 가고 싶었어요.

2) 가: 배가 좀 고프네요.

나: ____?

3) 가: ____?

나: 미안해요, 나도 하나밖에 없는데 어떻게 하지요?

4) 가: ____?

나: 미안해요, 저는 커피를 안 좋아해요.

쓰고 옆 사람과 이야기하세요.

이번 주말에 같이 등산 갈래요?

좋아요. 마침 저도 등산 가고 싶었어요.

미안해요, 이번 주말에 다른 약속이 있어요. 다음에 같이 가요.

시간	하고 싶은 일
이번 주말	등산을 가다
금요일 점심	
시험이 끝난 후	
방학	

표현3
Expression 3

V-는다거나

받침 O	는다거나	먹는다거나
받침 X	ㄴ다거나	간다거나

- 주말에는 청소를 한다거나 빨래를 한다거나 해요.
- 건강을 위해서 운동을 한다거나 과일을 많이 먹어요.
- 가: 스트레스를 받을 때 어떻게 해요?

  나: 저는 맛있는 음식을 먹는다거나 음악을 듣는다거나 해요.

보기와 같이 대화를 완성하세요.

가: 저녁에 보통 뭐 해요? (공부를 하다. 산책을 하다)

나: 공부를 한다거나 산책을 한다거나 해요.

1) 가: 시간이 있을 때 주로 뭘 해요? (친구를 만나다. 영화를 보다)

나: ______________________________

2) 가: 모르는 단어가 나오면 어떻게 해요? (사전을 찾다. 친구에게 묻다)

나: ______________________________

3) 가: 밤에 잠이 오지 않으면 어떻게 할까요? (책을 읽다. 우유를 마시다)

나: ______________________________

4) 가: 스트레스를 받을 때 어떻게 풀어요? (수다를 떨다. 노래방에 가다)

나: ______________________________

2 보기와 같이 대화를 완성하세요.

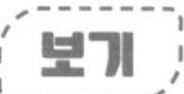

가: 주말에 보통 뭐 해요?

나: 가벼운 운동을 한다거나 한국 드라마를 봐요.

1) 가: 고향에 가고 싶을 때 어떻게 하세요?

나: ________________________________

2) 가: 온라인으로 물건을 샀는데 마음에 안 들면 어떻게 해요?

나: ________________________________

3) 가: 요즘 살이 쪄서 고민이에요.

나: ________________________________

4) 가: 공부에 집중을 할 수 없어요. 어떻게 하면 될까요?

나: ________________________________

3 옆 사람과 이야기하세요.

심심할 때 주로 뭘 해요?

저는 심심할 때 한국 드라마를 본다거나 근처 공원에 가서 산책을 해요.

질문	대답
심심하다	한국 드라마를 본다, 산책을 한다.
갑자기 휴강하다	
아프다	
우울하다	

말하기 1
Speaking 1

무슨 동아리를 만들고 싶어요? 동아리를 만들고 소개해 보세요.

동아리 소개

- 이름: 별밤
- 활동: K-pop 콘서트 참가
- 모집 대상: K-pop을 좋아하는 사람

동아리 정보

- 모집 기간: 10월 18일까지
- 신청 방법: 온라인 신청
- 회비: 3만 원
- 문의: 010-3408-7878

안녕하세요? 우리는 K-pop 동아리 '별밤'입니다. 우리 동아리는 K-pop 콘서트를 같이 관람하고 K-pop에 대해 이야기를 나누는 모임입니다. K-pop을 좋아하세요? 같이 콘서트에 가고 싶어요? 그럼 아래 연락처로 문의해 주세요.

말하기 2
Speaking 2

두 사람이 함께 대화문을 만들어 보세요.

아래의 표현을 반드시 한 번 이상 사용해야 해요.

1) N밖에

2) V-(으)래요?

3) V-는다거나

대화문을 보지 않고 사람들 앞에서 대화해 보세요.

쿠키 오디오
Credit Cookie

(동아리 방 앞)

앤디 (똑똑)

은비 안녕하세요? 어떻게 오셨어요?

앤디 아..안녕하세요? 동아리 가입하려고요.

은비 그래요? 우선 들어오세요.

앤디 네, 감사합니다.

은비 어느 분이 가입하시려고요?

앤디 저는 얼마 전에 가입했고요. 이 친구가 새로 가입하려고 해요.

민수 안녕하세요? 친구가 탁구 못 쳐도 괜찮다고 해서 왔어요.

은비 그럼요. 탁구 즐기고 싶은 사람이면 누구나 괜찮아요.

민수 네, 감사합니다. 근데 동아리 방에 스마트 TV도 있고 좋네요.

은비 아, TV요? 탁구 대회에 나가서 받은 거예요.

앤디 탁구를 정말 잘 치시나 봐요. 앞으로 많이 가르쳐 주세요.

은비 그래요, 우리 같이 재미있게 지내 봐요.

듣고 따라하세요.

어떻게 오셨어요?

우선 들어오세요.

누구나 괜찮아요.

앞으로 많이 가르쳐 주세요.

우리 같이 재미있게 지내 봐요.

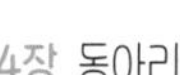

5장

선후배 관계

☆ 여러분은 선배나 후배와 친하게 지내요?

☆ 한국의 선후배 문화를 어떻게 생각해요?

듣기
Listening

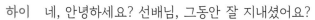

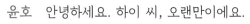

윤호 안녕하세요. 하이 씨, 오랜만이에요.

하이 네, 안녕하세요? 선배님, 그동안 잘 지내셨어요?

윤호 네, 잘 지냈어요. 지금 어디 가는 길이에요?

하이 공강이어 가지고 학교 카페에 스터디 하러 가는 길이에요.

윤호 그래요? 근데 하이 씨는 지금 몇 학년이지요?

하이 2학년이에요.

윤호 한국에 온 지 2년밖에 안 됐는데 한국 사람같이 말을 잘하네요.

하이 잘하기는요. 아직 멀었어요.

윤호 한국말을 어떻게 공부했어요?

하이 평소에 드라마를 많이 봤더니 한국어 실력이 좋아졌어요.
그리고 동아리에서 한국 친구들을 많이 사귀었더니 한국말을 잘하게 됐어요.

윤호 그래요? 동아리에서 선배들하고 지내는 거 힘들지 않아요?

하이 힘들기는요. 선배들이랑 친구같이 지내요.
선배들이 많이 도와 주시고 밥도 자주 사 주세요.

윤호 그렇군요. 우리도 언제 같이 밥 한번 먹어요.

하이 네, 그럼 다음에 봬요. 안녕히 가세요.

스터디	학년	평소	실력	공강
다음에 보다	드라마	아직 멀었다	밥 한번 먹다	뵙다
어떻다	그렇다			

이해하기
Comprehension

1 두 사람은 어떤 사이예요?

____

2 들은 내용과 같으면 O, 다르면 X로 표시하세요.

1) 하이는 한국에 온 지 2년이 됐어요. ( )

2) 하이는 동아리 친구들하고 이야기를 많이 해요. ( )

3) 윤호는 지금 공강이에요. ( )

4) 윤호는 오늘 하이를 처음 만났어요. ( )

3 하이가 한국말을 잘하는 이유를 모두 고르세요.

1) 평소에 한국 드라마를 많이 봐요.

2) 한국 친구들과 이야기를 많이 해요.

3) 동아리 선배와 친하게 지내요.

4) 동아리 선배와 밥을 자주 먹어요.

4 두 사람은 언제 같이 밥을 먹을 거예요?

____

어휘
Vocabulary

1 아는 것에 표시해 보세요.

☐ 학년 ☐ 평소 ☐ 공강 ☐ 실력
☐ 다음에 보다 ☐ 밥 한번 먹다 ☐ 아직 멀었다

2 빈칸에 알맞은 말을 써 보세요.

1) 가: 오랜만에 점심 같이 먹을까요?

나: 미안해요, 오늘은 다른 일이 있어요. (   )

2) 가: 갑자기 왜 그렇게 열심히 해요?

나: 시험이 얼마 안 남아서요.

가: (   )에 열심히 해야지요. 지금 하면 늦지 않아요?

3) 가: 오늘 1시에 취업 박람회가 있는데 같이 갈까요?

나: 잘됐네요. 마침 1시부터 3시까지 (   )이에요.

4) 가: 나나 씨는 한국 사람처럼 말을 잘하는 것 같아요.

나: 아니에요, (   ). 더 열심히 해야 돼요.

3 다음 어휘로 문장을 만들어 보세요.

1) 실력 ____________________

2) 평소 ____________________

3) 공강 ____________________

4) 아직 멀었다 ____________________

표현 1
Expression 1

N같이

- 리엔 씨는 가수같이 노래를 잘해요.
- 우리 고향 경치는 그림같이 아름다워요.
- 내 동생은 아기같이 잠을 잘 자요.
- 가: 왕호 씨는 한국 사람같이 말을 잘하네요.

  나: 아니에요. 더 열심히 해야 돼요.

보기와 같이 대화를 완성하세요.

보기 가: 하산 씨가 한국말을 참 잘하지요?
나: 네, 저도 하산 씨 같이 한국말을 잘하고 싶어요. (하산 씨)

1) 가: 어떤 사람이 되고 싶어요?
나: ________________ 의사가 되고 싶어요. (우리 언니)

2) 가: 잔티엔 씨는 노래를 잘하지요?
나: ________________ 노래를 잘하고 싶어요. (잔티엔)

3) 가: 지금 살고 있는 집이 어때요?
나: ________________ 깨끗해서 좋아요. (새집)

4) 가: 웨이 씨가 그렇게 예쁘다고 들었어요.
나: 네, ________________ 예쁘게 생겼어요. (영화배우)

5) 가: 어제 소개 받은 친구 잘 만났어요?
나: 네, 처음 만났는데 오래된 ________________ 편했어요. (친구)

 보기와 같이 문장을 완성하세요.

보기 가: 오늘 날씨 어때요?

나: 어제같이 맑고 시원해요.

1) 가: 수지 씨가 남자친구한테 예쁜 가방을 선물 받았대요.

나: 저도 ______________________

2) 가: 졸업하고 고향에 돌아갈 거예요?

나: 아니요, ______________________

3) 가: 미연 씨는 성격이 활발해서 친구가 많아요.

나: 맞아요. 저도 ______________________

4) 가: 민호 씨는 옷을 참 잘 입지요?

나: ______________________

5) 가: 우진 선배는 어때요?

나: ______________________

옆 사람과 이야기하세요.

나즈라 씨는 누구를 닮고 싶어요?

저는 우리 언니를 닮고 싶어요.
언니같이 공부도 잘하고 성격도
활발했으면 좋겠어요.

이름	닮고 싶은 사람	왜
나즈라	언니	공부도 잘해요, 성격도 활발해요

표현 2
Expression 2

V/A-기는요

받침 O, X	기는요	바쁘기는요, 잘하기는요

- 가: 주말에 잘 쉬었어요?
  나: 잘 쉬기는요. 과제가 많아서 힘들었어요.
- 가: 한국말을 잘하시네요.
  나: 잘하기는요. 아직 멀었어요.

1 보기와 같이 문장을 완성하세요.

가: 영화 재미있었어요?
나: 재미있기는요. 재미없어서 중간에 잠들었어요.

1) 가: 요리를 정말 잘하시네요.
   나: ______________________. 그냥 따라하는 수준이에요.

2) 가: 리사 씨는 참 부지런한 것 같아요.
   나: ______________________. 오늘만 일찍 일어난 거예요.

3) 가: 요즘 공부가 힘들지요?
   나: ______________________. 너무 재미있어요.

4) 가: 내일 날씨가 좋대요?
   나: ______________________. 오늘같이 비가 많이 올 거라고 해요.

5) 가: 매일 운동하세요?
   나: ______________________. 가끔 시간이 있을 때만 해요.

2 보기와 같이 대화를 완성하세요.

보기 가: 피아노를 잘 치시네요.

나: 잘 치기는요. 연습을 더 해야 해요.

1) 가: 이번 발표 준비를 많이 하셨네요.

나: ______________________

2) 가: 이사할 때 도와주지 못해서 미안해요.

나: ______________________

3) 가: 요즘 바쁘다면서요?

나: ______________________

4) 가: 과제 다 했어요? 오늘까지 내야 되지요?

나: ______________________

3 옆 사람과 이야기하세요.

요리를 잘하신다면서요?

잘하기는요. 그냥 레시피대로 할 뿐이에요.

칭찬	대답
요리	레시피대로 함
외모	
한국어	

표현3
Expression 3

V-았/었더니

V	ㅏ, ㅗ O	았더니	보았더니
	ㅏ, ㅗ X	었더니	먹었더니

- 어제 잠을 못 잤더니 너무 피곤해요.
- 밥을 못 먹었더니 배가 고파요.
- 가: 감기가 좀 나았어요?

  나: 네, 약을 먹었더니 다 나았어요.

1 보기와 같이 문장을 완성하세요.

이사를 했다. 몸살이 났다.

→ 이사를 했더니 몸살이 났어요.

1) 등산을 갔다 왔다. 피곤하다.

→ ______________________________

2) 점심을 굶었다. 힘이 하나도 없다.

→ ______________________________

3) 감기약을 먹었다. 졸린다.

→ ______________________________

4) 전통 시장에 가 봤다. 생각보다 구경거리가 많다.

→ ______________________________

2 보기와 같이 대화를 완성하세요.

보기
가: 주말에 뭐 했어요?
나: 오랜만에 운동을 했더니 너무 피곤해요.

1) 가: 한국에서 어디에 가 봤어요? 어땠어요?
   나: ______________________________

2) 가: 한국어 실력이 많이 늘었네요. 어떻게 공부했어요?
   나: ______________________________

3) 가: 살이 많이 빠졌네요. 어떻게 다이어트를 했어요?
   나: ______________________________

4) 가: 오늘 왜 지각했어요?
   나: ______________________________

3 옆 사람과 이야기하세요.

야식을 끊었더니 살이 빠졌어요.

친구랑 수다를 떨었더니 기분이 좋아졌어요.

원인	결과
야식을 끊다	살이 빠졌다
친구랑 수다를 떨다	기분이 좋아졌다

말하기 1
Speaking 1

선배에게 도움을 요청하는 대화를 <보기>와 같이 해 보세요.

한국어 공부 방법 물어보기
- 단어 외우기
- 친구와 함께 공부하기

가: 선배님, 한국어 공부를 어떻게 해야 할지 모르겠어요.
공부 방법 좀 알려주세요.

나: 나는 단어를 많이 외웠어요.
단어장을 만들어서 시간이 날 때마다 꺼내서 봤더니
한국어 실력이 늘었어요.

가: 그렇군요. 저도 선배님같이 단어장을 만들어야겠어요.

나: 그리고 친구랑 함께 공부해 보세요.
혼자 하는 것보다 훨씬 도움이 될 거예요.
모르는 것은 물어볼 수도 있고 친구의 좋은 공부 방법도
배울 수 있으니까요.

가: 네. 선배님 말씀대로 해 볼게요. 오늘 도움이 많이 되었어요.

나: 한국어 실력이 빨리 늘었으면 좋겠네요.

말하기 2
Speaking 2

두 사람이 함께 대화문을 만들어 보세요.

아래의 표현을 반드시 한 번 이상 사용해야 해요.

1) N같이

2) V/A-기는요

3) V-았/었더니

대화문을 보지 않고 사람들 앞에서 대화해 보세요.

쿠키 오디오
Credit Cookie

(학교 카페)

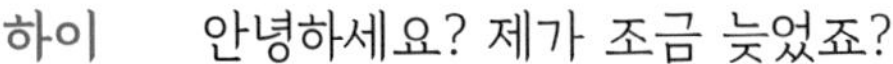

하이　안녕하세요? 제가 조금 늦었죠?

은지　아니에요. 저도 조금 전에 왔어요.

히엔　저도 온지 얼마 안 됐어요.

하이　오다가 윤호 선배 만났어요. 선배랑 이야기하느라 좀 늦었어요.

은지　그래요? 윤호 선배 지난 학기에 휴학했잖아요.

하이　휴학이요? 왜요?

은지　졸업하기 전에 여러 가지 경험을 해보고 싶대요.

히엔　요즘 휴학하는 사람들이 많다고 들었어요.

은지　맞아요. 저도 한 학기 휴학하면서 인턴을 해볼까 해요.

하이　그래요? 그것도 좋겠네요. 경험을 쌓는 것도 중요하죠.

히엔　휴학도 좋지만 우선 스터디부터 할까요? 우리 다음 주 시험 있잖아요.

은지　아. 그렇죠. 우선 발등의 불을 꺼야겠죠?

듣고 따라하세요.

얼마 안 됐어요.

이야기하느라 좀 늦었어요.

경험을 해보고 싶대요.

그것도 좋겠네요.

MEMO

6장

성적 고민

☆ 성적 고민이 있어요?

☆ 성적을 잘 받을 수 있는 방법이 뭘까요?

듣기
Listening

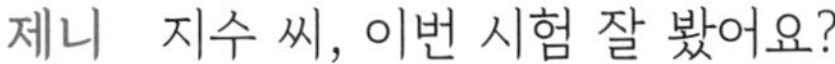

제니　지수 씨, 이번 시험 잘 봤어요?

지수　조금 어려웠어요. 제니 씨는요?

제니　저는 너무 어려웠어요. 성적이 안 좋으면 장학금을 받을 수 없을 텐데 걱정이에요.

지수　제니 씨는 열심히 했잖아요. 열심히 공부한 만큼 좋은 결과가 있을 거예요. 너무 걱정하지 마세요.

제니　네, 고마워요. 근데 지수 씨는 항상 성적을 잘 받지요?

지수　항상 잘 받기는요. 지난번에는 시험을 못 봐서 장학금을 못 받을 뻔했어요. 근데 다행히 겨우 장학금을 받기는 했어요.

제니　공부 잘하는 방법이 있어요? 지수 씨는 어떻게 공부해요?

지수　저는 복습을 많이 하는 편이에요. 교재도 열심히 봐요.

제니　그래요? 저도 복습을 열심히 하는데 왜 성적이 안 좋은지 모르겠어요.

지수　그럼 나중에 나랑 같이 공부할래요?

제니　좋아요. 언제 시간이 괜찮아요?

지수　주말에는 언제든지 괜찮아요.

제니　그럼 주말에 연락할게요.

나중에	결과	항상	성적
다행히	복습	성적을 받다	교재
겨우	뻔	걱정하다	연락하다

이해하기
Comprehension

1 제니는 무엇을 걱정해요?

2 들은 내용과 같으면 O, 다르면 X로 표시하세요.

1) 지수는 이번 시험이 쉬웠어요. ( )

2) 지수는 지난 학기에 장학금을 받았어요. ( )

3) 제니는 복습을 열심히 해요. ( )

4) 제니는 지난번에 시험을 못 봤어요. ( )

3 지수의 공부 방법 두 가지를 쓰세요.

4 두 사람은 주말에 무엇을 할 거예요?

어휘
Vocabulary

1 아는 것에 표시해 보세요.

□ 뻔	□ 성적	□ 결과	□ 다행히
□ 겨우	□ 연락하다	□ 걱정하다	

2 빈칸에 알맞은 말을 써 보세요.

1) 가: 유미 씨, 그 책 다 읽었어요?

나: 네, ( ) 다 읽었어요. 생각보다 내용이 어렵더라고요.

2) 가: 지난번에 본 토픽 시험 ( ) 나왔어요?

나: 네, 나왔어요. 2급에 합격했어요.

3) 가: 비가 많이 온다고 했는데, 집에 잘 도착했어요?

나: 네, ( ) 집에 도착할 때까지 비가 안 왔어요.

4) 가: 과제 제출이 오늘까지 아니에요?

나: 아! 맞아요. 깜박 잊고 있었어요.
미진 씨가 안 알려 줬으면 오늘 제출하지 못할 ( ) 했네요.

3 다음 어휘로 문장을 만들어 보세요.

1) 뻔 ______________________

2) 겨우 ______________________

3) 다행히 ______________________

4) 걱정하다 ______________________

표현 1
Expression 1

V/A-(으)ㄴ/는 만큼

V	과거	받침 O	은 만큼	먹은 만큼
		받침 X	ㄴ 만큼	공부한 만큼
	현재	받침 O, X	는 만큼	먹는 만큼, 주는 만큼
	미래	받침 O	을 만큼	먹을 만큼
		받침 X	ㄹ 만큼	살 만큼
A	-	받침 O	은 만큼	좋은 만큼
		받침 X	ㄴ 만큼	비싼 만큼

- 열심히 공부한 만큼 좋은 결과가 있을 거예요.
- 먹는 만큼 살이 쪄요.
- 잘 시간도 없을 만큼 바빠요.
- 가: 여행 자주 하세요?

  나: 친구들이 하는 만큼 해요.

 보기와 같이 문장을 완성하세요.

 교통이 편리하다. 집값도 비싸요.

→ 교통이 편리한 만큼 집값도 비싸요.

1) 먹고 싶다. 마음껏 먹어도 돼요.

→ ______________________________

2) 돈을 많이 받다. 일도 많이 해야 해요.

→ ______________________________

3) 가격이 비싸다. 품질도 좋아요.

→ ______________________________

4) 졸업을 걱정하다. 성적이 나빠서 걱정이에요.

→ ______________________________

5) 열심히 준비했다. 성적이 잘 나올 거예요.

→ ______________________________

6) 일이 힘들다. 월급도 많아요.

→ ______________________________

보기와 같이 문장을 완성하세요.

보기 가: 이번 여행 어땠어요?

나: 다시 가고 싶을 만큼 재미있었어요.

1) 가: 이번에 정말 열심히 했어요. 성적이 좋았으면 좋겠어요.

나: ____________________

2) 가: 이거 먹어도 될까요? 많이 먹어도 돼요?

나: ____________________

3) 가: 이 옷 가격이 좀 비싸네요.

나: ____________________

4) 가: 요즘 운동 열심히 하고 있어요?

나: ____________________

5) 가: 이번에 성적 잘 받았어요?

나: ____________________

옆 사람과 이야기하세요.

오늘 기분이 어때요?

날씨가 좋은 만큼 기분도 좋아요.

질문	대답
기분	날씨가 좋다, 기분이 좋다
건강	달리기를 꾸준히 하다, 건강이 좋아졌다
성적	

표현 2
Expression 2

V/A-(으)ㄹ 텐데

받침 O	을 텐데	늦을 텐데
받침 X	ㄹ 텐데	갈 텐데

- 지금 출발하면 늦을 텐데 서둘러야겠어요.
- 피곤하실 텐데, 좀 쉬세요.
- 가: 내일 오후에 비가 많이 올 텐데 괜찮겠어요?

  나: 조금 일찍 출발하면 괜찮을 거예요.

보기와 같이 문장을 완성하세요.

백화점은 비싸다. 시장에서 사세요.

→ 백화점은 비쌀 텐데 시장에서 사세요.

1) 배가 고프다. 식사부터 할까요?

→ ____.

2) 피곤하다. 좀 쉬세요.

→ ____.

3) 택시를 잡기 힘들다. 지하철을 타는 게 어때요?

→ ____.

4) 지금 가면 식당에 사람이 많다. 좀 더 있다가 가요.

→ ____.

5) 한국은 지금 춥다. 두꺼운 옷을 챙겨 가세요.

→ ____.

 보기와 같이 대화를 완성하세요.

 가: 내일 등산갈까요?

나: 날씨가 많이 추울 텐데 괜찮겠어요?

1) 가: 방학에 유럽으로 여행을 갈까요?

나: ______________________________

2) 가: 시간이 없는데 택시를 타고 갈까요?

나: ______________________________

3) 가: 비빔밥을 먹고 싶어요.

나: ______________________________

4) 가: 숙소 예약을 아직 못 했는데 어떻게 하지요?

나: ______________________________

 옆 사람과 이야기하세요.

지금 먹으면 살이 찔 텐데 괜찮겠어요?

그래서 조금만 먹으려고요.

상황	반응
밤 늦게 야식을 먹으려는 친구	지금 먹으면 살이 찐다
날씨가 흐린 날 외출하는 친구에게	
연말에 콘서트 티켓을 사려는 친구에게	

표현3
Expression 3

V/A-든/든지

받침 O, X	든/든지	먹든지, 가든지

- 어디를 가든지 건강히 잘 지내세요.
- 주말에 같이 영화를 보든지 밥을 먹든지 해요.
- 방학에 영어를 배우든지 일본어를 배우려고 해요.
- 가: 졸업하면 뭐 할 거예요?
  나: 취직을 하든(지) 유학을 가든(지) 하려고요.
- 크든지 작든지 내 집이 있었으면 좋겠어요.

1 보기와 같이 문장을 바꿔 쓰세요.

버스를 타다. 지하철을 타다.

→ 버스를 타든지 지하철을 타든지 해요.

1) 주말에 쇼핑을 하다. 영화를 보다.

→ ______

2) 방학에 여행을 가다. 아르바이트를 하다.

→ ______

3) 비빔밥을 먹다. 냉면을 먹다.

→ ______

4) 커피를 마시다. 차를 마시다.

→ ______

보기와 같이 대화를 완성하세요.

가: 수업 시간에 모르는 게 있으면 어떻게 해요?

나: 친구에게 묻든지 선생님께 질문하든지 해요.

1) 가: 비행기 출발 시간이 좀 남았는데 뭘 할까요?

나: ______________________________

2) 가: 학교에 올 때 지하철에서 주로 뭘 해요?

나: ______________________________

3) 가: 심심한데 뭘 하면 좋을까요?

나: ______________________________

4) 가: 사고 싶은 옷이 있는데 가격이 너무 비싸서 고민이에요.

나: ______________________________

옆 사람과 이야기하세요.

친구 생일 선물로 뭘 사야 할지 모르겠어요.

꽃을 사든지 책을 사는 건 어때요?
뭘 사든지 친구가 좋아하는 걸 골라 보세요.

상황	조언
친구 생일 선물로 뭘 살지 고민이다	꽃, 책
시간이 있어서 뭘 배우고 싶다	
어떤 동아리에 가입해야 할지 고민이다	

말하기 1
Speaking 1

시험 공부하는 방법을 <보기>와 같이 이야기해 보세요.

시험 공부하는 방법
- 집중해서 하기
- 음악듣기
- 운동하기

가: 다음 주에 시험이지요? 어떻게 공부하고 있어요?

나: 매일 조금씩 공부하고 있어요. 하루에 두세 시간 정도.

가: 시험 공부를 많이 하지 않는 편이네요.

나: 네, 하지만 집중해서 하는 편이에요.

가: 그렇군요. 피곤할 때는 어떻게 해요?

나: 음악을 듣든지 잠깐 운동하든지 해요. 그러면 피로가 풀려요.

가: 저는 공부할 때 자주 졸려요. 그래서 자꾸 다른 일을 하게 돼요.

나: 그럼 장소를 바꿔 보면 어때요? 카페에서 공부해 보세요.

가: 그래야겠어요. 집에서는 집중이 안 되는 것 같아요.

나: 시험 끝나고 뭐 할 거예요?

가: 영화를 보든지 친구하고 노래방에 가든지 하려고요.

나: 저는 집에서 푹 자고 싶어요.

말하기 2
Speaking 2

두 사람이 함께 대화문을 만들어 보세요.

아래의 표현을 반드시 한 번 이상 사용해야 해요.

1) V/A-(으)ㄴ/는 만큼
2) V/A-(으)ㄹ 텐데
3) V/A-든/든지

대화문을 보지 않고 사람들 앞에서 대화해 보세요.

쿠키 오디오
Credit Cookie

안녕하세요, 지수 씨! 주말에 스터디 같이 하기로 했잖아요.
시간 언제 괜찮으세요?

안녕하세요, 제니 씨! 저는 오전 10시 이후에는 다 괜찮아요.

그럼 11시쯤 어때요? 너무 이른 시간인가요?

11시면 딱 좋을 것 같아요! 어디서 만날까요? 학교 도서관 괜찮으세요?

네! 학교 도서관에서 만나요. 어디가 좋을까요?

2층 스터디룸 어때요? 조용하고 집중하기 좋더라고요.

좋아요! 그럼 11시에 스터디룸에서 만나요~

네, 그럼 주말에 만나요! 같이 열심히 공부해요!

네! 주말에 봐요~

듣고 따라하세요.

열심히 했잖아요.

너무 걱정하지 마세요.

언제 시간이 괜찮아요?

주말에는 언제든지 괜찮아요.

MEMO

7장

학기의 시작

☆ 오리엔테이션에서는 뭘 해요?

☆ 새 학기에 무슨 계획이 있어요?

듣기
Listening

지아　나래야, 왜 이렇게 늦었어?

나래　지하철역에 도착하자마자 지하철이 출발했어.

노아　그랬구나. 빨리 앉아. 오리엔테이션이 조금 전에 시작됐어.

나래　이번 학기에는 발표를 두 번 하나 보다.

노아　맞아, 아까 교수님께서 중간시험 보기 전에 한 번, 중간시험 본 후에 한 번 한다고 하셨어.

지아　이번 학기에는 학기가 시작되자마자 발표 준비를 해야 할 것 같아. 참, 한 번은 조별로 발표를 한다고 했지?

노아　응. 우리 같은 조가 되면 좋을 텐데. 나는 한국말을 잘 못해서 걱정이야.

나래　너무 걱정하지 마. 우리가 도와줄게.

노아　고마워, 이제 오리엔테이션이 곧 끝나나 보다.

지아　우리 오리엔테이션이 끝나자마자 점심 먹으러 갈까? 오늘 아침을 안 먹고 왔더니 배가 너무 고파.

나래　좋아. 오늘은 내가 살게.

지아　왜? 무슨 좋은 일 있어?

나래　방학 때 아르바이트를 해서 돈을 좀 모았어.

이렇게	도착하다	시작되다	아르바이트	준비하다	
돈	오리엔테이션	곧	끝나다	모으다	배고프다

이해하기
Comprehension

1 세 사람은 지금 무엇을 하고 있어요?

____

2 들은 내용과 같으면 O, 다르면 X로 표시하세요.

1) 이번 학기에 발표를 두 번 해야 해요. (　　)

2) 세 사람은 같은 조에서 발표해요. (　　)

3) 중간시험을 보기 전에 발표를 두 번 해요. (　　)

4) 세 사람은 발표가 끝난 후에 점심을 먹을 거예요. (　　)

 노아는 무엇을 걱정해요?

1) 발표를 두 번 해서

2) 오리엔테이션에 늦어서

3) 한국말을 잘하지 못해서

4) 친구와 같은 조가 아니어서

 왜 오늘 나래가 점심을 사요?

어휘
Vocabulary

1 아는 것에 표시해 보세요.

☐ 도착하다	☐ 돈	☐ 곧	☐ 끝나다
☐ 시작되다	☐ 이렇게	☐ 오리엔테이션	☐ 모으다

2 빈칸에 알맞은 말을 써 보세요.

1) 가: 왜 ( ) 기분이 안 좋아요?

나: 친구하고 싸웠어요.

2) 가: 내일 우리 집에 놀러 오세요.

나: 알겠어요. 집 근처에 ( ) 전화할게요.

3) 가: 아르바이트를 왜 그렇게 열심히 해요?

나: 돈을 ( ) 멋진 차를 하나 사려고요.

4) 가: 민수 씨, 공연이 곧 ( ) 휴대폰을 끄세요.

나: 알겠어요. 바로 끌게요.

3 알맞은 것을 골라 다음 글을 완성하세요.

~~도착하다~~	발표	오리엔테이션	곧	끝나다	걱정하다

오늘 새 학기 첫날이다. 버스가 빨리 와서 학교에 일찍 (도착했다). 오늘은 첫날이라서 (　　　　) 한다. 그런데 친구가 아직 오지 않았다. 친구한테 문자 메시지가 왔는데 (　　　　) 도착한다고 했다. 친구가 도착한 뒤에 교수님이 바로 들어오셨다. 오리엔테이션 때 교수님이 이번 학기에 조별로 (　　　　) 한다고 하셨다. 우리는 조별 발표가 처음이라서 (　　　　). 그래서 오리엔테이션이 (　　　　) 나서 선배한테 조별 발표에 대해 물어 보러 갔다.

4 다음 어휘로 문장을 만들어 보세요.

1) 곧 ______________________________

2) 이렇게 ______________________________

3) 모으다 ______________________________

4) 걱정하다 ______________________________

표현 1
Expression 1

V-자마자

받침 O, X	자마자	먹자마자, 가자마자

- 수업이 끝나자마자 점심을 먹으러 갔어요.
- 언니는 졸업을 하자마자 취직을 했어요.
- 가: 한국에 도착하자마자 연락을 주세요.

  나: 네, 바로 연락드릴게요.

1 보기와 같이 문장을 완성하세요.

눕다 사다 듣다 먹다 시작되다 일어나다

 너무 피곤해서 (눕자마자) 잠이 들었어요.

1) 저는 ( ) 세수부터 해요.

2) 그 노래를 ( ) 고향 생각이 났어요.

3) 밥을 ( ) 이를 닦는 게 좋대요.

4) 방학이 ( ) 여행을 떠날 거예요.

5) 휴대폰을 ( ) 잃어버렸어요.

2 보기와 같이 문장을 완성하세요.

수업이 시작되다. 강의실에 들어가다.

가: 언제 수업이 시작되었어요?

나: 강의실에 들어가자마자 시작되었어요.

1) 취직을 하다. 졸업하다

가: 언제 취직을 했어요?

나: ______________________________

2) 밥을 먹다. 수업이 끝나다

가: 언제 밥을 먹었지요?

나: ______________________________

3) 연락하다. 고향에 도착하다

가: 언제 연락할거야?

나: ______________________________

4) 비가 오다. 밖에 나가다

가: ______________________________?

나: ______________________________

3 'V-자마자'를 사용해서 옆 사람과 이야기하세요.

고향에 돌아가면 뭐부터 할 거예요?
아침에 일어나면 무엇을 먼저 해요?
방학이 시작되면 뭐 할 거예요?

____

____

____

표현 2
Expression 2

반말

평서형	V, A	ㅏ, ㅗ O	아	가, 봐, 비싸, 앉아, 많아
		ㅏ, ㅗ X	어	먹어, 찍어, 예뻐, 넓어
	N	받침 O	이야	학생이야
		받침 X	야	시계야
청유형	V	받침 O, X	자	보자, 가자, 먹자

- 오후에 비가 올 텐데 우산을 가지고 가.
- 피곤하지? 좀 쉬어.
- 왕호 씨는 중국 사람이야.
- 내일 같이 스터디하자.
- 가: 은지야, 지금 뭐 해?

  나: 공부해

※ 평서형 과거형

어제 영화 봤어요. → 어제 영화 봤어.

어제 날씨가 좋았어요. → 어제 날씨가 좋았어.

※ 평서형 미래형

이번 주에 고향에 갈 거예요. → 이번 주에 고향에 갈 거야.

축제에 사람이 많을 거예요 → 축제에 사람이 많을 거야.

보기와 같이 반말로 바꿔 쓰세요.

보기 지금 학교에 가요. → 지금 학교에 가.

1) 아침에 일어나자마자 물을 마셔요.

→ ______________________________

2) 어제 늦게까지 친구를 만났어요.

→ ______________________________

3) 매일 한 시간씩 한국어를 공부할 거예요.

→ ______________________________

4) 요즘 조별 과제 때문에 바빠요.

→ ______________________________

5) 참가 신청서를 내일까지 제출해 주세요.

→ ______________________________

6) 같이 커피 한 잔 합시다.

→ ______________________________

7) 진티엔 씨는 제 친구예요.

→ ______________________________

다음과 같이 대화를 완성하세요.

미진: 오랜만이에요. 하산 씨, 방학 동안 어떻게 지냈어요?

하산: 고향에 갔다 왔어요. 그런데 방학이 너무 짧은 것 같아요.

미진: 맞아요. 방학이 너무 빨리 지나갔어요.

하산: 미진 씨는 방학에 요가를 배운다고 했지요? 많이 배웠어요?

미진: 배우기는요. 방학이 시작되자마자 발을 다쳐서 아무것도 못했어요.

하산: 저런, 지금은 괜찮아요?

미진: 이제 다 나았어요. 참, 내일 우리 동아리 모임이 있지요? 장소가 어디예요?

하산: 학교 근처 한국식당이에요. 미진 씨도 갈 수 있어요?

미진: 네. 저도 갈 거예요. 학교 앞에서 만나서 같이 갈까요?

하산: 좋아요. 같이 갑시다.

미진: 오랜만이야. 하산, 방학 동안 어떻게 지냈어?

하산: ______________________________

미진: ______________________________

하산: ______________________________

미진: ______________________________

하산: ______________________________

미진: ______________________________

하산: ______________________________

미진: ______________________________

하산: ______________________________

표현 3
Expression 3

V/A-(으)ㄴ가 보다

V	받침 O, X	나 보다	먹나 보다, 가나 보다
A	받침 O	은가 보다	많은가 보다
	받침 X	ㄴ가 보다	아픈가 보다
N	받침 O, X	인가 보다	시계인가 보다

- 기분이 좋은 것을 보니 성적을 잘 받았나 봐요.
- 강의실이 조용한 것을 보니 시험을 보나 봐요.
- 지금 쉬는 시간인가 봐요. 강의실 안이 시끄러워요.
- 왕호 씨가 차를 샀대요. 돈이 많은가 봐요.
- 하이 씨가 기침을 많이 하네. 감기인가 봐.

보기와 같이 문장을 완성하세요.

비가 (오다) <u>오나 봐요</u>. 사람들이 우산을 쓰고 있어요.

1) 민수 씨가 (여행가다) ______________________ 여행 가방을 싸고 있어요.

2) 수혁 씨가 요즘 (바쁘다) ______________________ 만나기 힘들어요.

3) 그 영화가 (재미있다) ______________________ 사람들이 많이 봤대요.

4) 시험이 (쉽다) ______________________ 100점 받은 학생이 많아요.

5) 영화가 지금 (끝나다) ______________________ 사람들이 나오고 있어요.

6) 앤디 씨가 여자 친구하고 (헤어지다) ______________________ 요즘 안 만나네.

7) 저 사람은 (수영선수이다) ______________________ 수영을 정말 잘하네요.

대화를 완성하세요.

1) 가: 오늘 백화점에 사람이 많네요.

나: ______________________________

2) 가: 곧 수업을 시작하는데 나래가 안 오네.

나: ______________________________

3) 가: 은지 씨가 요즘 날씬해졌네요.

나: ______________________________

4) 가: 나즈라 씨가 피곤해 보여요.

나: ______________________________

5) 가: 노아 씨가 기분이 좋아 보이는데 무슨 일 있어요?

나: ______________________________

6) 가: 알렉스 씨가 왜 학교에 안 왔어요?

나: ______________________________

 옆 사람과 이야기하세요.

한국 사람들은 노래를 좋아하나 봐.

왜 그렇게 생각해?

노래방이 많아.

한국 사람들이 좋아하는 것	이유
노래	노래방이 많다
등산	산에 사람들이 많다

말하기 1
Speaking 1

새 학기 계획을 이야기하세요.

보기

가: 나는 이번 학기에 운동을 열심히 할 거야.

나: 운동을 좋아하나 봐?

가: 응, 운동을 좋아하는데 바빠서 자주 못했어.
아침에 일어나자마자 공원에 가서 운동하려고.

계획	운동하기
	음악 동아리 가입하기
	책 읽기

말하기 2
Speaking 2

두 사람이 함께 대화문을 만들어 보세요.

아래의 표현을 반드시 한 번 이상 사용해야 해요.

1) V-자마자
2) 반말
3) V/A-(으)ㄴ가 보다

대화문을 보지 않고 사람들 앞에서 대화해 보세요.

쿠키 오디오
Credit Cookie

(칼국수 집)

주인　어서 오세요. 몇 분이세요?

나래　세 명이요.

주인　이쪽에 앉으세요.

　　　메뉴 보시고 말씀해 주세요.

나래　네. 너희들 뭐 먹을래? 난 바지락 칼국수.

지아　나도 바지락 칼국수. 노아 넌?

노아　난 멸치 칼국수.

나래　우리 김치전도 하나 시키자.

지아　김치전 두 개 시키면 안 될까? 너무 배고픈데.

나래　그래, 두 개 시키자. 노아는 뭐 더 먹고 싶은 거 없어?

노아　응, 없어.

나래　여기요, 바지락 칼국수 두 개랑 멸치 칼국수 하나, 김치전 두 개 주세요.

주인　네, 잠깐만 기다리세요. (잠시 뒤) 여기 칼국수 나왔어요. 맛있게 드세요.

지아　이집 칼국수는 언제 먹어도 맛있어. 오늘 더 맛있네. 배가 고파서 그런가 봐.

나래　김치전도 맛있겠다. 많이 먹어.

노아/지아　응, 잘 먹을게.

듣고 따라하세요.

몇 분이세요?

이쪽에 앉으세요.

메뉴 보시고 말씀해 주세요.

뭐 더 먹고 싶은 거 없어?

많이 먹어.

잘 먹을게.

중고 거래

☆ 물건을 살 때 어디에서 사요?

☆ 중고 거래를 해 봤어요?

듣기
Listening

미 정 여보세요?

제이크 안녕하세요. 검정색 백팩을 파시는 분 맞죠?

미 정 네, 맞아요.

제이크 제가 살게요. 그런데 혹시 오천 원만 깎아 주실 수 있어요?

미 정 이거 비싸게 샀는데... 그래요, 오만오천 원에 팔게요.
사실 아무도 제 가방에 관심이 없었어요.

제이크 감사합니다. 오늘 거래 가능하세요?

미 정 네, 오늘 오후 2시부터 가능해요.

제이크 그럼 3시에 사러 갈게요. 어디에서 만날까요?

미 정 건대입구역 2번 출구에서 만나요.
근처 카페에서 기다릴 테니 도착하면 전화 주세요.

제이크 네, 알겠습니다. 수업이 끝나는 대로 갈게요.

(잠시후)

미 정 네, 여보세요?

제이크 죄송해요. 수업이 늦게 끝나는 바람에 늦을 것 같아요. 지금 가고 있어요.

미 정 그래요? 그러면 도착하는 대로 다시 연락 주세요.

제이크 네, 정말 죄송합니다. 5분 안에 도착할 것 같아요.

백팩	분	깎아주다	사실	관심이 없다	
아무도	거래	가능하다	도착하다	끝나다	연락

이해하기
Comprehension

1 두 사람이 건대입구역에서 만나서 무엇을 할 거예요?

---

2 들은 내용과 같으면 O, 다르면 X로 표시하세요.

1) 가방을 육만 원에 팔 거예요. ( )

2) 미정 씨와 제이크 씨는 친구예요. ( )

3) 제이크 씨는 늦게 도착한다고 했어요. ( )

4) 미정 씨는 카페에서 제이크 씨를 기다리고 있어요. ( )

3 제이크 씨는 왜 3시에 도착하지 못했어요?

1) 길이 막혀서

2) 수업이 늦게 끝나서

3) 친구와 밥을 먹어서

4) 스터디가 늦게 끝나서

4 제이크 씨는 건대입구역에 도착한 후에 무엇을 해야 해요?

어휘
Vocabulary

1 아는 것에 표시해 보세요.

□ 백팩	□ 깎아주다	□ 사실	□ 아무도	□ 관심이 없다
□ 거래	□ 가능하다	□ 도착하다	□ 끝나다	□ 연락

2 빈칸에 알맞은 말을 써 보세요.

1) 가: 여보세요? 아미라 씨, 부산역에 언제 (　　　　　　　　　　)?

   나: 거의 다 왔어요. 5분 후에 부산역에서 내려요.

2) 가: 어제 공원에 사람이 많이 왔어요?

   나: 아니요, 비가 와서 (　　　　　　　　　　) 안 왔어요. 저만 있었어요.

3) 가: 안녕하세요, 한국식당이죠? 다음 주 토요일 여섯 시에 예약 되나요?

   나: 네, (　　　　　　　　　　). 몇 분이세요?

4) 가: 사과 다섯 개에 만 원, 수박 한 개에 이만오천 원이에요.

   나: 아주머니, 오천 원만 (　　　　　　　　　　)

3 다음 어휘로 문장을 만들어 보세요.

1) 아무도 ______________________________

2) 가능하다 ______________________________

3) 깎아주다 ______________________________

4) 도착하다 ______________________________

표현 1
Expression 1

V-(으)ㄹ 테니(까)

받침 O	을 테니	닫을 테니
받침 X	ㄹ 테니	기다릴 테니

- 서류를 책상 위에 놓을 테니까 나중에 확인해 주세요.
- 저녁 여섯 시까지 돌아올 테니 걱정하지 마세요.
- 저는 화장실 청소를 할 테니까 정민 씨는 방을 청소해 주세요.

1 보기와 같이 문장을 완성하세요.

가다	가져오다	닦다	도와주다	굽다	알아보다

보기 사무실은 제가 (갈 테니) 민지 씨는 여기서 기다리세요.

1) 창문은 제가 ( ) 리나 씨는 책상을 닦아 주세요.

2) 가: 내일 이사를 해야 하는데 짐이 많아서 걱정이에요.
 나: 제가 ( ) 걱정하지 마세요.

3) 고기는 제가 ( ) 채소를 씻어 주세요.

4) 가: 장학금 신청서를 어디에 제출해야 해요?
 나: 어디에 제출해야 하는지 제가 ( ) 잠깐 기다려 주세요.

5) 냄비는 제가 집에서 ( ) 희진 씨는 도마와 칼을 가져오세요.

2 보기와 같이 문장을 완성하세요.

가: 이사를 하기 전에 짐도 정리하고 청소도 해야 해요.

나: 제가 <u>짐을 정리할 테니까</u> 청소를 해 주세요.

1) 가: 잠깐 여기서 기다려 줄래? 학과 사무실에 갔다 올게.

나: 응, 여기서 ______________________ 천천히 다녀 와.

2) 가: 비행기 표 예약은 했는데 호텔하고 식당 예약은 아직 안 했어요.

나: 호텔은 제가 ______________________ 수현 씨가 식당을 예약해 주세요.

3) 가: 자료 조사가 끝났으니까 이제 자료를 정리하고 PPT를 만들어야 해요.

나: 제가 PPT를 ______________________

4) 가: 파티를 하기 전에 청소도 해야 하고 음식도 준비해야 하는데 시간이 부족하네요.

나: 제가 청소를 ______________________

3 옆 사람과 이야기하세요.

대니 씨 생일파티를 준비해야 해요.
케이크와 음식을 누가 준비해요?
청소도 해야 하고 장식도 해야 해요.

케이크는 제가 살 테니 영진 씨하고
수영 씨가 음식을 준비해 주세요.
장식은 제가 할 테니까 청소를 해 주세요.

____

____

____

____

표현2
Expression 2

V-는 바람에

받침 O, X	는 바람에	먹는 바람에, 오는 바람에

- 비가 오는 바람에 가방이 다 젖었어요.
- 늦게 일어나는 바람에 수업에 늦었어요.
- 커피를 쏟는 바람에 노트북이 고장났어요.

 보기와 같이 문장을 완성하세요.

 친구가 늦게 왔어요. 그래서 영화를 못 봤어요.
→ 친구가 늦게 오는 바람에 영화를 못 봤어요.

1) 버스를 잘못 탔어요. 그래서 집에 늦게 도착했어요.

→ 버스를 잘못 ______________________________

2) 슈퍼마켓이 문을 일찍 닫았어요. 그래서 과일을 못 샀어요.

→ 슈퍼마켓이 문을 일찍 ______________________________

3) 강의실이 갑자기 바뀌었어요. 그래서 지각했어요.

→ ______________________________

4) 친구들이 수업 시간에 떠들었어요. 그래서 교수님께 혼났어요.

→ ______________________________

5) 자전거를 타다가 다쳤어요. 그래서 병원에 입원했어요.

→ ______________________________

보기와 같이 대화를 완성하세요.

가: 어제 왜 학교에 안 왔어요?

나: 아파서 병원에 가는 바람에 학교에 못 왔어요.

1) 가: 오늘 스터디 모임에 투이 씨도 와요?

나: ______________________________

2) 가: 오늘은 왜 운동을 안 해요?

나: ______________________________

3) 가: 나탈리아 씨, 오늘 회의에 왜 늦었어요?

나: ______________________________

4) 가: 괜찮아요? 많이 피곤해 보여요. 어제 잠을 못 잤어요?

나: ______________________________

옆 사람과 이야기하세요.

왜 늦었어요?
아침에 밥 먹었어요?

지하철을 잘못 타는 바람에 늦었어요.
아니요, 늦게 일어나는 바람에 못 먹었어요.

____

____

____

____

표현3
Expression 3

V-는 대로

받침 O, X	는 대로	받는 대로, 도착하는 대로

- 도착하는 대로 연락할게요.
- 수업이 끝나는 대로 출발할 거예요.
- 연락을 받는 대로 알려 줄게요.

1 **보기와 같이 대화를 완성하세요.**

가: 여보세요? 체첵 씨, 지금 통화 가능해요?

나: 미안해요. 수업이 끝나는 대로 다시 전화할게요.

1) 가: 마이클 씨, 제가 보낸 편지 받았어요?

나: 아직 편지가 오지 않았어요. 편지가 (오다) ______________ 확인할게요.

2) 가: 여보세요? 그저께 옷을 주문했는데 아직 택배가 안 왔어요.

나: 죄송합니다. 고객님. (확인하다) ______________ 다시 알려드리겠습니다.

3) 가: 과제 다 했어요? 제출하기 전에 한번 보여 주세요.

나: 지금 수정하고 있어요. (마무리하다) ______________ 카톡방에 올릴게요.

4) 가: 윤재 씨, 저 이제 비행기 탈 거예요. 두 시간 쯤 걸릴 거예요.

나: 네, 알겠어요. 공항에 (도착하다) ______________ 연락해 주세요.

5) 가: 유리 씨, 과제를 이메일로 다섯 시쯤에 보낼 거예요.

이메일을 (보내다) ______________문자 메시지로 알려 줄게요.

나: 네, 알겠어요.

보기와 같이 대화를 완성하세요.

보기 가: 과제 파일을 언제 보내줄 거예요?
나: 아직 과제가 안 끝났어요. 완성하는 대로 보낼게요.

1) 가: 언제 밥을 먹으러 갈 거예요?
나: ______________________________

2) 가: 몇 시에 출발할 거예요?
나: ______________________________

3) 가: 언제 쇼핑하러 갈 거예요?
나: ______________________________

4) 가: 언제 회의를 시작할 거예요?
나: ______________________________

옆 사람과 이야기하세요.

몇 시에 식당에 갈 거예요?

영미 씨가 오는 대로 출발해요.

질문	대답
식당	영미 씨, 오다
호텔 예약	
편지 보내기	

말하기 1
Speaking 1

보기와 같이 옆 사람과 이야기하세요.

가: 자료 조사한 것 가져왔어요?

나: 아! 깜빡하고 집에 두고 왔어요.

가: 네? 왜 안 가져왔어요?

나: 미안해요. 집에서 급하게 나오는 바람에 까먹었어요.

가: 오늘 마무리를 해야 내일 제출할 수 있는데 어떻게 해요?

나: 잠깐만요. 제가 클라우드에 저장한 파일이 있을 거예요.

가: 빨리 확인해 보세요.

나: 네, 파일이 있네요. 지금 복사실에 가서 파일을 인쇄할 테니까 잠깐만 기다려 주세요.

가: 알겠어요. 그럼 저는 편의점에 갔다 올게요.
인쇄가 끝나는 대로 도서관 스터디룸으로 오세요.

나: 알겠어요.

상황 1	상황 2
자료 조사한 것을 오늘 같이 확인해야 하는데 친구가 집에 두고 왔어요. 어떻게 해야 할까요?	스터디 모임이 있는데 친구가 갑자기 교통사고를 당해서 오지 못합니다. 어떻게 해야 할까요?
상황 3	**상황 4**
조별 과제 발표를 해야 해요. 그런데 갑자기 배가 아파서 병원에 가야 해요. 어떻게 해야 할까요?	친구와 같이 제주도에 왔는데 호텔을 잘못 예약했어요. 어떻게 해야 할까요?

말하기 2
Speaking 2

중고 거래를 한 적이 있어요? 친구와 함께 물건을 사고 파는 연습을 해 보세요.
두 사람이 함께 대화문을 만들어 보세요.
아래의 표현을 반드시 한 번 이상 사용해야 해요.

1) V-(으)ㄹ 테니(까)
2) V-는 바람에
3) V-는 대로

대화문을 보지 않고 사람들 앞에서 대화해 보세요.

쿠키 오디오
Credit Cookie

제이크　죄송해요. 제가 많이 늦었죠?

미 정　괜찮아요. 그럼 가방 확인해 보실래요?

제이크　네, 잠깐 확인해 볼게요. 고장난 부분도 없고 정말 깨끗하게 쓰셨네요.

미 정　엄마가 선물해 준 거라서 정말 조심조심 사용했거든요.

제이크　가방 안쪽도 확인해 봐도 될까요?

미 정　네, 그럼요. 확인해 보세요.

제이크　가방 안의 주머니 상태도 괜찮네요... 어? 그런데 이건 뭐예요?

미 정　네? 뭐가요?

제이크　여기 에어팟이 있는데요?

미 정　어머! 잃어버린 줄 알았는데... 여기 있었네요.

제이크　다행이네요. 다른 건 없네요. 여기 오만오천 원이에요.

미 정　네, 맞네요.

제이크　가방 잘 쓸게요. 감사합니다~

듣고 따라하세요.

그럼 가방 확인해 보실래요?

정말 조심조심 사용했거든요.

가방 안쪽도 확인해 봐도 될까요?

잃어버린 줄 알았는데...

가방 잘 쓸게요.

MEMO

온라인 퀴즈

☆ e-campus를 자주 사용해요?

☆ 온라인 퀴즈를 보는 방법을 알아요?

듣기
Listening

교수님 네, 그러면 오늘 수업은 여기까지 할게요. 혹시 질문 있나요?

학생들 아니요, 없습니다.

교수님 좋아요. 오늘은 과제가 있어요.
이번 주에 공부한 내용을 복습한 후에 온라인 퀴즈를 보세요.

진위한 교수님, 퀴즈는 언제 봐요?

교수님 내일부터 금요일까지 보면 돼요. 퀴즈 문제는 e-campus에 올려 놓았어요.
여러분, 지난 학기에 e-campus를 사용했었지요?

진위한 아니요, 교수님. 저는 이번 학기가 첫 학기라서 아직 잘 몰라요.

교수님 그래요? 그럼 잠깐 여기를 보세요. 먼저 e-campus에서 로그인을 하고,
우리 수업 이름을 클릭하세요. 그 다음에 5주차가 있지요?
여기에 퀴즈가 있어요.

진위한 아~ 네, 알겠습니다. 감사합니다.

교수님 퀴즈를 푸는 시간은 30분이고, 모두 20문제예요.
여러분도 알다시피 과제 점수에 포함되니까 잘 봐야 해요.

학생들 네, 알겠습니다. 교수님.

교수님 그럼 다음 주에 만나요!

과제	복습하다	온라인	퀴즈	올리다
첫	그럼	잠깐	로그인하다	클릭하다
풀다	포함되다			

이해하기
Comprehension

1 사람들이 지금 어디에 있어요?

---

2 들은 내용과 같으면 O, 다르면 X로 표시하세요.

1) 퀴즈를 봐야 과제 점수를 받을 수 있어요. ( )

2) 진위한 씨는 지난 학기에 대학교에 왔어요. ( )

3) 오늘 퀴즈를 봐야 해요. 내일은 볼 수 없어요. ( )

4) 퀴즈를 보려면 e-campus에 로그인을 해야 해요. ( )

3 교수님이 무슨 과제를 주셨어요?

1) 보고서 쓰기

2) 온라인 퀴즈

3) 연습문제 풀기

4) 오프라인 퀴즈

4 왜 퀴즈를 잘 봐야 해요?

어휘
Vocabulary

1 아는 것에 표시해 보세요.

□ 과제	□ 복습하다	□ 퀴즈	□ 올리다	□ 그럼
□ 잠깐	□ 로그인하다	□ 클릭하다	□ 풀다	□ 포함되다

2 빈칸에 알맞은 말을 써 보세요.

1) 가: 어떻게 해야 시험을 잘 볼 수 있어요?

   나: 수업을 듣고 집에서 (   )야 해요.

2) 가: 교수님, 어휘 노트 숙제도 성적에 (   )?

   나: 네, 어휘 노트 숙제를 안 하면 과제 점수를 못 받아요.

3) 가: 이번주 금요일에 일이 있어서 스터디에 못 가요.

   나: (   ) 토요일에 만날까요?

4) 가: 제 이메일로 조별 과제 PPT 파일을 보내 주세요.

   나: 카톡방에 (   ). 한번 확인해 보세요.

3 다음 어휘로 문장을 만들어 보세요.

1) 그럼 ________________________________

2) 올리다 ________________________________

3) 복습하다 ________________________________

4) 포함되다 ________________________________

표현 1
Expression 1

V/A-았었/었었

ㅏ, ㅗ O	았었	갔었어요, 많았었어요
ㅏ, ㅗ X	었었	먹었었어요, 적었었어요
하다	했었	공부했었어요, 피곤했었어요

- 옛날에는 여행을 자주 갔었어요.
- 고향에서 고양이를 키웠었어요.
- 지난 학기에는 과제가 너무 많아서 피곤했었어요.
- 어제 백화점에 사람이 정말 많았었어요.

1 보기와 같이 문장을 완성하세요.

보다	오다	남기다	새우다	더럽다	불편하다

보기 예전에는 영화를 자주 (봤었어요).

1) 고등학교 때 시험 공부 때문에 밤을 자주 (   )

2) 고향에 살 때 식욕이 없어서 밥을 자주 (   )

3) 작년에는 친구가 우리 집에 매일 (   ). 지금은 이사를 해서 자주 못 만나요.

4) 옛날에는 방 청소를 자주 안 해서 방이 너무 (   )

5) 옛날에는 집 근처에 지하철역이 없어서 지하철을 탈 때 (   )

 보기와 같이 질문에 대답하세요.

 가: 무슨 음식을 좋아해요?

나: 예전에는 햄버거를 좋아했었어요. 지금은 피자를 좋아해요.

1) 가: 어떤 가수를 좋아해요?

나: ______________________

2) 가: 무슨 영화를 자주 봐요?

나: ______________________

3) 가: 어떤 운동을 자주 해요?

나: ______________________

4) 가: 한국어를 공부할 때 어떻게 공부했어요?

나: ______________________

 옆 사람과 이야기하세요.

무슨 과일을 좋아해요?
어제 날씨가 어땠어요?
고향에 있을 때 주말에 뭐 했어요?

망고를 좋아해서 자주 먹었었어요.
비가 와서 흐렸었어요.
산책을 했었어요. 요즘은 바빠서 못 해요.

주제	친구의 대답
과일	
날씨	
주말 활동	
취미	

표현 2
Expression 2

V-아/어 놓다

ㅏ, ㅗ O	아 놓다	닦아 놓았어요
ㅏ, ㅗ X	어 놓다	만들어 놓았어요
하다	해 놓다	정리해 놓았어요

- 제 친구는 돈을 많이 모아 놓았어요.
- 동생이 불고기를 만들어 놓았어요.
- 아버지께서 벌써 청소해 놓으셨어요.
- 밖에 나가기 전에 에어컨을 꺼 놓으세요.

1 보기와 같이 문장을 완성하세요.

보기 아침에 창문을 (닦다) 닦아 놓았어요.

1) 다음 주 회의 약속을 (잡다) ____________________

2) 세탁소에서 옷을 (찾다) ____________________

3) 노트북에 프로그램을 (설치하다) ____________________

4) 가방에 과자하고 음료수를 (넣다) ____________________

5) 카카오톡 단톡방에 파일을 (올리다) ____________________

6) 메모지를 냉장고 문에 (붙이다) ____________________

보기와 같이 대화를 완성하세요.

가: 노아 씨, 내일까지 단톡방에 파일을 올려 주세요.

나: 조금 전에 파일을 올려 놓았어요. 한번 확인해 주세요.

1) 가: 정호 씨, 내일 여행 준비 다 했어요?

나: 그럼요, 벌써 준비 ______________________

2) 가: 장학금을 신청하려면 이 서류를 작성하셔야 해요.

나: 여기요. 집에서 ______________________

3) 가: 오늘 밤에 비가 온대요. 교실에서 나가기 전에 창문을 닫아 주세요.

나: ______________________

4) 가: 아메드 씨는 다음 주에 고향에 가지요? 비행기 표 예약했어요?

나: ______________________

옆 사람과 이야기하세요.

언제 청소할 거예요?
내일까지 파일을 제출하세요.
고양이한테 약을 먹였어요?

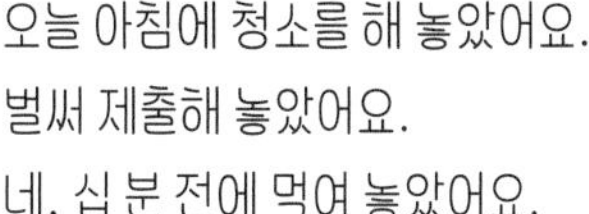

오늘 아침에 청소를 해 놓았어요.
벌써 제출해 놓았어요.
네, 십 분 전에 먹여 놓았어요.

____

____

____

____

표현 3
Expression 3

V-다시피

받침 O, X	다시피	알다시피, 보다시피

- 여러분도 알다시피 다음 주에 시험이 있어요.
- 보다시피 지하철을 타는 사람들이 많아요.
- 여러분도 아시다시피 결석을 많이 하면 성적을 받을 수 없어요.
- 방금 전에 들으셨다시피 내일 회의는 취소하겠습니다.

1 보기와 같이 문장을 완성하세요.

알고 있지요? 다음 주에 시험이 있어요.
→ 아시다시피 다음 주에 시험이 있어요.

1) 지금 보고 있지요? 한국 사람들은 김치를 매일 먹어요.

→ ______________________________

2) 지금 들었지요? 나디야 씨가 30분 늦게 도착한대요.

→ ______________________________

3) 알고 있었지요? 다음 주는 추석이라 휴강할 거예요.

→ ______________________________

4) 방금 제가 말씀드렸지요? 비교과 프로그램 신청은 내일까지입니다.

→ ______________________________

보기와 같이 문장을 완성하세요.

보기 지도를 보시다시피 대학교 주변에 맛집이 많이 있습니다.

1) 제가 조금 전에 ______________________ 여기서는 사진을 찍을 수 없어요.

2) 여러분도 ______________________ 다음 주는 추석이에요.

3) 안내방송으로 ______________________ 지금부터 세일을 시작할 거예요.

4) 사진을 ______________________ 한국에서는 그릇을 들지 않고 밥을 먹습니다.

5) 진희 씨도 ______________________ 저는 다음 주에 고향으로 가요.

옆 사람에게 이야기하세요.

보시다시피 집현관에는 카페가 없어요.
알다시피 수요일에 수업이 많아서 참석할 수 없어요.
보다시피 여름에는 삼계탕을 많이 먹어요.

주제	이야기할 내용
사진 설명하기	
일정 설명하기	
자료 설명하기	

말하기 1
Speaking 1

<보기>와 같이 친구들과 이야기해 보세요.

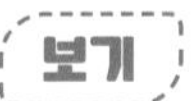

가: 프엉 씨는 지난 학기에 온라인으로 퀴즈를 봤었지요?

나: 아니요, 온라인 퀴즈는 이번 학기가 처음이에요.

가: 그래요? 그럼, e-campus는 사용해 봤었지요?

나: 네, 그럼요. 온라인 퀴즈는 어떻게 봐야 해요?

가: 프엉 씨도 알다시피 먼저 e-campus에 로그인을 해야 해요.

나: 로그인을 한 후에 수업 이름을 터치하고 퀴즈를 찾아야 하지요?

가: 네, 맞아요. 교수님께서 제한 시간을 30분으로 정해 놓으셨으니까 30분 안에 문제를 풀어야 해요.

나: 문제를 다 풀고 무엇을 해야 해요?

가: '제출 및 종료' 버튼을 터치해야 해요.

나: 아, 네 알겠어요. 알려줘서 고마워요.

상황	메모
온라인 퀴즈를 어떻게 봐요?	① e-campus 로그인 ② 수업 이름 터치, 퀴즈 찾기 ③ 문제 풀기 ④ '제출 및 종료' 버튼 터치
세탁기를 어떻게 사용해요?	
교통카드를 어떻게 충전해요?	

말하기 2
Speaking 2

두 사람이 함께 대화문을 만들어 보세요.

아래의 표현을 반드시 한 번 이상 사용해야 해요.

1) V/A-았었/었었

2) V-아/어 놓다

3) V-다시피

대화문을 보지 않고 사람들 앞에서 대화해 보세요.

쿠키 오디오
Credit Cookie

진위한 교수님, 하나만 더 여쭤 봐도 되나요?

교수님 네, 뭐가 궁금해요?

진위한 중간고사 일정이 궁금해서요. 시험 날짜가 언제인가요?

교수님 중간고사는 2주 후 목요일이에요.

진위한 네, 감사합니다. 참, 지난주에 제가 결석을 했는데 혹시 진단서를 제출하면 출석 인정이 될까요?

교수님 네, 메일로 진단서를 보내 주세요.

진위한 네, 알겠습니다. 감사합니다. 교수님.

듣고 따라하세요.

하나만 더 여쭤 봐도 되나요?

중간고사 일정이 궁금해서요.

출석 인정이 될까요?

MEMO

향수병

☆ '향수병'이 뭐예요?

☆ 여러분은 고향이 그리울 때 무엇을 해요?

듣기
Listening

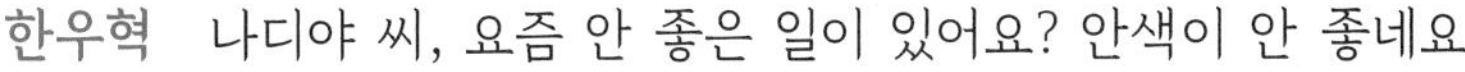

한우혁 나디야 씨, 요즘 안 좋은 일이 있어요? 안색이 안 좋네요.

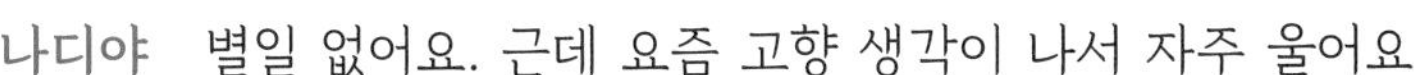

나디야 별일 없어요. 근데 요즘 고향 생각이 나서 자주 울어요.

한우혁 아, 향수병이군요.

나디야 향수병이요? 저는 향수를 안 써요.

한우혁 아니요, 그 향수병이 아니에요.
고향에 가고 싶어서 생기는 마음의 병을 말하는 거예요.

나디야 아, 그렇군요. 지난주에는 다 그만두고 고향으로 돌아가려다가
친구가 말려서 마음을 잡았어요.

한우혁 가족들하고 영상통화는 자주 해요?

나디야 네, 자주 해요. 그런데 영상통화를 하면 고향 생각이 더 많이 나요.
어머니가 만드신 고향 음식도 먹고 싶어요.

한우혁 한국에서도 나디야 씨 고향 음식을 팔지 않아요?

나디야 서울에는 우리 고향 음식을 파는 식당이 많지 않아요.
그리고 어머니가 만드신 것과 맛이 달라요.

한우혁 그러면 고향 친구하고 같이 고향 음식을 만들어 보면 어때요? 기분이 조금
괜찮아질 거예요. 그렇게 해 보고도 힘들면 학생생활상담소에 가 보세요.

나디야 네, 그렇게 해 볼게요.

안색	향수병	생기다	그만두다	돌아가다
말리다	마음을 잡다	영상통화	그렇게	상담소

이해하기
Comprehension

1 나디야 씨는 요즘 기분이 어때요?

---

2 들은 내용과 같으면 ○, 다르면 X로 표시하세요.

1) 나디야 씨는 고향 생각 때문에 울었어요. (　　)

2) 나디야 씨는 지난주에 고향에 돌아갔어요. (　　)

3) 나디야 씨는 친구와 고향 음식을 만들어 볼 거예요. (　　)

4) 나디야 씨는 바빠서 어머니와 영상통화를 자주 하지 못했어요. (　　)

3 한우혁 씨는 나디야 씨에게 힘들 때 어디에 가라고 했어요?

1) 식당

2) 상담소

3) 향수 가게

4) 휴대폰 가게

4 여러분도 향수병에 걸린 적이 있나요? 친구와 이야기해 보세요.

어휘
Vocabulary

1 아는 것에 표시해 보세요.

□ 안색	□ 향수병	□ 생기다	□ 그만두다	□ 돌아가다
□ 말리다	□ 영상통화	□ 상담소	□ 그렇게	□ 마음을 잡다

2 빈칸에 알맞은 말을 써 보세요.

1) 가: 마이클 씨, 요즘도 편의점에서 아르바이트를 해요?

나: 아니요, 전공 공부 때문에 너무 바빠서 (　　　　　　　　　　　　　　　　)

2) 가: 미정 씨, 어디 아파요? (　　　　　　　　　　　　　　　　) 안 좋아 보여요.

나: 요즘 과제 때문에 잠을 못 자서 그래요. 조금 이따가 자려고요.

3) 가: 다음 주까지 자료 조사를 해야겠네요. 저는 도서관에서 자료를 찾아볼 테니까 준우 씨는 인터넷에서 자료를 찾아 주세요.

나: 네, (　　　　　　　　　　　　　　　　) 할게요.

4) 가: 열심히 공부했는데 시험 성적이 좋지 않아요. 그냥 고향에 돌아가고 싶어요.

나: 안돼요. (　　　　　　　　　　　　　　　　) 더 열심히 공부해야 해요.

3 다음 어휘로 문장을 만들어 보세요.

1) 안색 ______________________________

2) 그렇게 ______________________________

3) 그만두다 ______________________________

4) 마음을 잡다 ______________________________

표현 1
Expression 1

V/A-(는)군요, N(이)군요

V	는군요		먹는군요, 가는군요
A	군요		작군요, 예쁘군요
N	받침 O	이군요	학생이군요
	받침 X	군요	의사군요

- 와, 오늘은 눈이 정말 많이 오는군요.
- 사진에 있는 사람이 나디야 씨 동생이에요? 키가 정말 크군요.
- 여기가 진위한 씨가 다니는 회사군요.
- 아, 이 사람은 마호메드 씨의 가족이 아니군요.

1 **보기와 같이 문장을 완성하세요.**

보기 한국은 여름에 비가 많이 (오다) 오는군요.

1) 엘레나 씨가 좋아하는 가수가 저 사람(이다) ______________________

2) 음~ 이 케이크는 우리 동네 케이크보다 더 (달콤하다) ______________________

3) 학생식당은 학생회관 지하에 (있다) ______________________

4) 진우 씨는 이번 추석에 고향에 (내려가다) ______________________

5) 커피가 식어서 (미지근하다) ______________________. 다시 끓일게요.

보기와 같이 질문에 대답하세요.

감기　　간단하다　　귀엽다　　아니다　　지저분하다

보기 가: 열도 나고 기침도 나요. 콧물도 많이 흘러요.

나: 감기군요. 약을 먹고 따뜻한 물을 많이 드세요.

1) 가: 이 사진이 우리 집에서 찍은 사진이에요.

나: 희영 씨, 집에서 고양이를 키워요? 고양이가 정말 ______________________

2) 가: 창고가 ______________________. 청소를 해야겠어요.

나: 제가 청소기를 가져 올게요.

3) 가: 채소를 볶은 다음에 물을 넣어야 해요.

나: 아, 물을 끓인 다음에 채소를 넣는 것이 ______________________

4) 가: PPT를 만들 때 이렇게 하면 더 쉬워요.

나: 와... 다시 한번 설명해 주세요. 정말 ______________________

3 옆 사람과 이야기하세요.

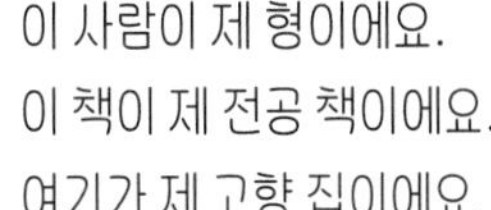

이 사람이 제 형이에요.
이 책이 제 전공 책이에요.
여기가 제 고향 집이에요.

와, 정말 키가 크군요.
와, 정말 두껍군요.
와, 집이 정말 멋지군요.

주제	친구의 대답
가족사진	
내 물건	
내 고향	
좋아하는 가수	
내 취미	

표현 2
Expression 2

V-(으)려다가

받침 O	으려다가	먹으려다가
받침 X	려다가	가려다가

- 졸업하고 고향에 돌아가려다가 한국에 남았어요.
- 어제 햄버거를 먹으려다가 친구와 같이 피자를 먹었어요.
- 동생에게 시계를 선물하려다가 노트북을 선물했어요.
- 일요일에 영화관에서 영화를 보려다가 그냥 집에서 드라마를 봤어요.

1 **보기와 같이 문장을 완성하세요.**

~~가다~~　돌아가다　마시다　만나다　보내다　새우다　주문하다

백화점에 가려다가 시장에 갔어요.

1) 방학에 고향에 ________________ 한국에서 아르바이트를 했어요.

2) 친구에게 이메일을 ________________ 문자 메시지를 보냈어요.

3) 학교 선배와 금요일에 ________________ 주말에 만났어요.

4) 아이스 아메리카노를 ________________ 날씨가 추워서 카페라떼를 마셨어요.

5) 시험 때문에 밤을 ________________ 너무 피곤해서 잠을 잤어요.

6) 인터넷 쇼핑몰에서 옷을 ________________ 마트 옷가게에서 옷을 샀어요.

2 보기와 같이 대화를 완성하세요.

가: 알렉스 씨, 오늘은 뭐 했어요?

나: 도서관에 가려다가 비가 많이 와서 집에 있었어요.

1) 가: 남자 친구 생일에 무슨 선물을 줬어요?

   나: ______________________________ 지갑을 선물했어요.

2) 가: 마이클 씨도 오늘 모임에 와요?

   나: 아니요, ______________________________ 일이 생겨서 못 온대요.

3) 가: 방학에 무엇을 했어요?

   나: ______________________________

4) 가: TOPIK 시험을 언제 볼 거예요?

   나: ______________________________

3 옆 사람과 이야기하세요.

어제 외출했어요?
아침에 뭐 먹었어요?
주말에 뭐 했어요?

아니요, 백화점에 가려다가 안 갔어요.
햄버거를 먹으려다가 커피만 마셨어요.
영화관에 가려다가 그냥 집에서 쉬었어요.

표현 3
Expression 3

V-고도

받침 O, X	고도	먹고도, 마시고도

- 범준 씨는 아침에 밥을 많이 먹고도 배고프다고 말했어요.
- 실수를 하고도 사과를 하지 않으면 안 돼요.
- 마이클! 어제 교수님한테 혼나고도 아직도 숙제를 안 했어?
- 제시카는 코미디 영화를 보고도 웃지 않아.

보기와 같이 문장을 완성하세요.

마이클 씨가 어제 술을 많이 마셨어요 + 오늘도 술을 마셔요.

→ 마이클 씨가 어제 술을 많이 마시고도 오늘도 마셨어요.

1) 희진 씨는 어제 열 시간동안 잤어요. + 피곤하다고 말했어요.

→ ______________________________

2) 동생이 냉장고에 있는 케이크를 먹었어요. + 안 먹었다고 거짓말을 해요.

→ ______________________________

3) 저는 어머니의 말을 들었어요. + 대답하지 않았어요.

→ ______________________________

4) 바얀 씨는 대학교를 졸업했어요. + 고향에 돌아가지 않았어요.

→ ______________________________

보기와 같이 문장을 완성하세요.

잘못하다 감다 돌아가다 않다 알다 약속하다

보기 사람들은 잘못하고도 사과를 하지 않는 사람을 싫어해요.

1) 고향에 ______________ 고향에 있는 한국 회사에서 일하고 싶어요.

2) 컴퓨터를 고치는 방법을 ______________ 귀찮아서 고치지 않았어요.

3) 동생이 담배를 피우지 않겠다고 ______________ 또 담배를 피웠어요.

4) 진우 씨는 눈을 ______________ 요리를 할 수 있어요.

3 옆 사람에게 이야기하세요.

한국어 공부를 하고도 말하기가 어려우면 한국 친구를 사귀어 보세요.
커피를 마시고도 졸리면 세수를 해 보세요.

고민	해결 방법
한국어 말하기가 어려워요.	
너무 졸려요.	

말하기 1
Speaking 1

요즘 무슨 고민이 있어요? 보기와 같이 아래의 표에 메모해 보세요.

보기

질문	대답
요즘 무슨 고민이 있어요?	고향 생각이 자주 나요.
그래서 기분이 어때요?	기분이 안 좋아요. 요즘 자주 울어요.
고민 때문에 무엇을 해 봤어요?	가족하고 영상통화를 했어요. 하지만 고향 생각이 더 많이 나서 슬퍼요.
어떻게 해야 할까요? 친구에게 물어 보세요.	한우혁: "고향 음식을 만들어 보세요." "학생생활상담소에 가 보세요."

질문	대답
요즘 무슨 고민이 있어요?	
그래서 기분이 어때요?	
고민 때문에 무엇을 해 봤어요?	
어떻게 해야 할까요? 친구에게 물어 보세요.	

말하기 2
Speaking 2

친구의 고민을 듣고, 해결 방법을 이야기해 보세요.
아래의 표현을 반드시 한 번 이상 사용해야 해요.

1) V/A-(는)군요, N(이)군요
2) V-(으)려다가
3) V-고도

대화문을 보지 않고 사람들 앞에서 대화해 보세요.

쿠키 오디오
Credit Cookie

나디야　안녕하세요? 상담 받고 싶어서 왔는데요.

직 원　네, 잘 오셨어요. 여기 상담 신청서를 작성하시고 어떤 상담을 받고 싶은지 체크해 주시면 돼요. 지금 바로 하실 수 있는 건 스트레스 상담과 성격 검사인데, 어떤 상담이 필요하세요?

나디야　제가 향수병인지 요즘 집 생각이 많이 나요. 다 그만두고 집에 돌아가고 싶다는 생각도 들고요.

직 원　많이 힘드시겠어요. 그럼 먼저 스트레스 상담을 진행해 보는 건 어떨까요?

나디야　네, 좋아요. 상담을 받으면 좀 나아질 수 있을까요?

직 원　그럼요. 스트레스 상담을 통해서 지금 자신의 상황을 이해할 수 있고, 해결책도 찾을 수도 있을 거예요.

듣고 따라하세요.

상담 받고 싶어서 왔는데요.

요즘 집 생각이 많이 나요.

많이 힘드시겠어요.

MEMO

11장

기숙사 생활

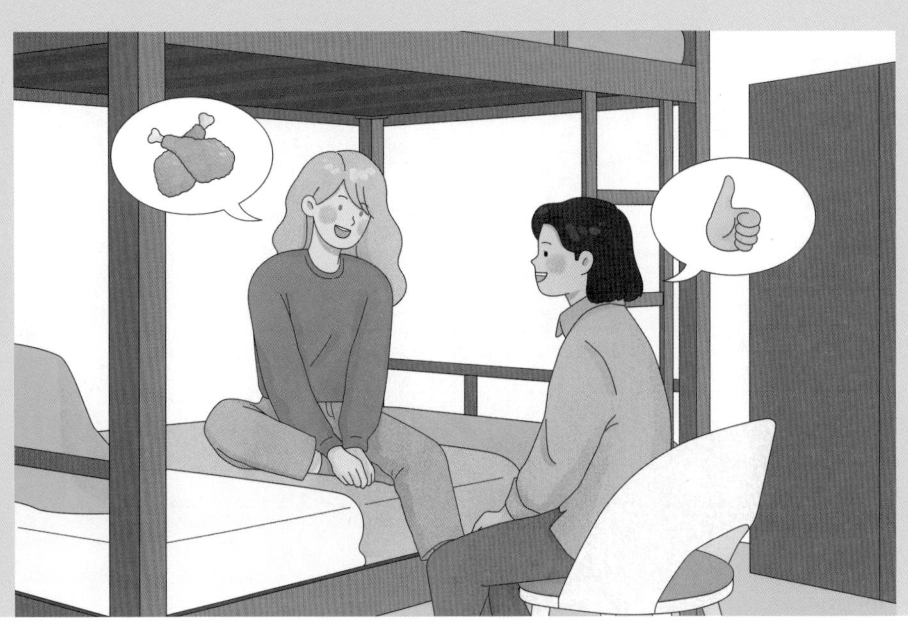

☆ 여러분은 지금 기숙사에서 살아요?

☆ 기숙사에서는 무엇을 할 수 없어요?

듣기
Listening

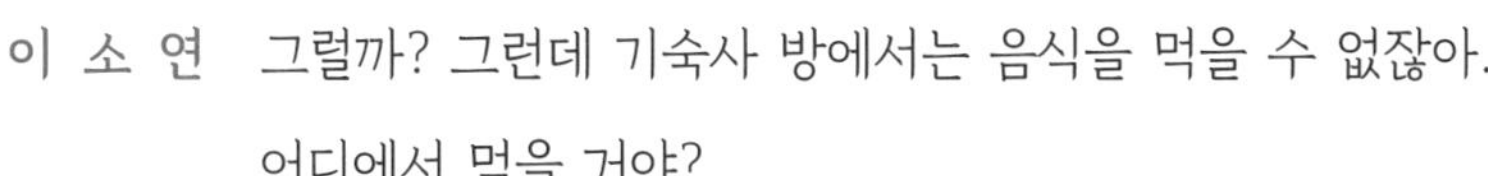

팜투티엔　소연아, 우리 이따가 치킨 시켜 먹을까?

이 소 연　그럴까? 그런데 기숙사 방에서는 음식을 먹을 수 없잖아. 어디에서 먹을 거야?

팜투티엔　1층 휴게실에서는 먹을 수 있어. 너 조금 이따가 친구 만나러 군자역에 간다고 했지? 나가는 김에 치킨 포장해 와 줘.

이 소 연　알았어. 후라이드 치킨 먹을 거야? 양념 치킨 먹을 거야?

팜투티엔　후라이드 반, 양념 반 먹자.

이 소 연　알았어. 조금 이따 다시 봐.

(잠시후)

팜투티엔　빨리 왔네? 치킨은?

이 소 연　아! 미안해. 엄마하고 통화하느라고 잊어버렸어. 지금 배달앱으로 주문할게.

팜투티엔　지금은 주문하는 사람들이 많아서 한참 기다려야 할 텐데 괜찮을까?

이 소 연　그러네. 한 시간 반 동안 기다려야 하네. 잠깐만, 포장할까? 어쩌지? 포장마저도 주문이 많아서 한참 기다려야 해.

팜투티엔　곧 한 시야. 지금 주문해도 휴게실에 사람이 많을 테니까 그냥 다음에 먹자.

이 소 연　미안해. 다음에는 약속 꼭 지킬게.

휴게실	이따가	포장하다	후라이드	양념	반
잊어버리다	배달앱	지키다	한참	곧	꼭

이해하기
Comprehension

1 두 사람은 지금 어디에 있어요?

___

2 들은 내용과 같으면 ○, 다르면 X로 표시하세요.

1) 휴게실은 2층에 있어요. ( )

2) 지금은 치킨을 살 수 없어요. ( )

3) 소연 씨는 치킨을 사지 않았어요. ( )

4) 소연 씨는 군자역에서 어머니를 만났어요. ( )

3 두 사람은 어디에서 치킨을 먹기로 했어요?

1) 강의실

2) 기숙사 방

3) 군자역 식당

4) 기숙사 휴게실

4 왜 두 사람은 치킨을 먹지 않았어요?

___

어휘
Vocabulary

1 아는 것에 표시해 보세요.

□ 휴게실	□ 포장하다	□ 반	□ 잊어버리다	□ 배달앱
□ 한참	□ 곧	□ 꼭	□ 지키다	□ 양념

2 빈칸에 알맞은 말을 써 보세요.

1) 가: 카페에서 커피를 마시고 갈까요? 아니면 포장할까요?

   나: 여기서 마시면 수업에 늦을 거예요. 그러니까 (   )

2) 가: 수진아, 전공 수업 과제 다 했어? 내일까지 제출해야 하잖아.

   나: 아! 맞다! (   ). 오늘 밤에 해야겠어.

3) 가: 죄송해요. (   ) 기다렸지요? 길이 막혀서 늦었어요.

   나: 괜찮아요. 저도 오 분 전에 도착했어요.

4) 가: 비가 오니까 그냥 집에서 라면 먹을까요?

   나: (   )으로 음식을 주문하면 돼요. 제가 할게요.

3 다음 어휘로 문장을 만들어 보세요.

1) 한참 ________________________________

2) 배달앱 ________________________________

3) 포장하다 ________________________________

4) 잊어버리다 ________________________________

표현 1
Expression 1

V-는 김에

받침 O, X	는 김에	가는 김에, 먹는 김에

- 부산에 가는 김에 부산에서 사는 친구도 만날 거예요.
- 청소하는 김에 빨래도 합시다.
- 밖에 나가는 김에 쓰레기도 같이 버렸어요.
- 한국어를 공부하는 김에 한국 역사도 공부하려고 해요.

보기와 같이 문장을 완성하세요.

명동에 갈 거예요. + 남산 공원에도 갈 거예요.
→ 명동에 가는 김에 남산 공원에도 갈 거예요.

1) 불고기를 먹을까요? + 김치찌개도 주문할까요?

→ ______________________________

2) 구두를 샀어요. + 슬리퍼도 샀어요.

→ ______________________________

3) 도서관에서 책을 읽었어요. + 과제도 했어요.

→ ______________________________

4) 백화점에서 옷을 구경했어요. + 화장품가게도 구경했어요.

→ ______________________________

5) 햄버거를 주문했어요 + 치킨도 시켰어요.

→ ______________________________

보기와 같이 질문에 대답하세요.

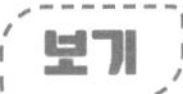

가: 부산에서 뭐 할 거예요?

나: 부산에 가는 김에 부산에 사는 친구도 만날 거예요.

1) 가: 백화점에서 뭘 살 거야?

나: ______________________________ 언니 운동화도 살 거야.

2) 가: 오늘 어디에 갈까요?

나: ______________________________

3) 가: 주말에 뭐 할 거예요?

나: ______________________________

4) 가: 조금 이따가 편의점에 갈 거예요. 필요한 것 있어요?

나: ______________________________

옆 사람과 이야기하세요.

오늘은 밖에서 밥을 먹을까?
제주도에 가면 바다를 구경할까?

응, 좋아. 밥을 먹으러 가는 김에 쇼핑도 하자.
바다에 가는 김에 수영도 하자.

____

____

____

____

표현 2
Expression 2

V-느라고

받침 O, X	느라고	먹느라고, 보느라고

- 요즘 과제를 하느라고 자주 밤을 새요.
- 주말에 여행 준비를 하느라고 바빴어요.
- 밥을 먹느라고 전화를 받지 못했어요.
- 드라마를 보느라 빨래를 하지 않았어요.

1 보기와 같이 문장을 완성하세요.

숙제를 (하다) 하느라고 바빴어요.

1) 친구와 (이야기하다) ______________________ 사무실 전화를 못 받았어요.

2) 어제 (운동하다) ______________________ 장학금 신청 접수를 못 했어요.

3) 조별 회의를 (준비하다) ______________________ 정신이 없었어요.

4) 밤까지 (일하다) ______________________ 집에 늦게 도착했어.

5) 지난주에 (이사하다) ______________________ 너무 힘들었어.

6) 주말에 친구들하고 (놀다) ______________________ 과제를 못 했어.

보기와 같이 대화를 완성하세요.

가: 상준아, 과제 다 했어?

나: 아니, 다음 주 시험을 준비하느라 과제를 하지 못했어.

1) 가: 저는 방학동안 제주도 여행을 했어요. 마이클 씨는요?

나: ______________________________ 여행을 못 갔어요.

2) 가: 나는 이 노란색 가방을 살래. 너는 뭐 살 거야?

나: 아니, 나는 돈이 없어. ______________________________ 돈을 다 썼어.

3) 가: 안색이 안 좋네요. 어젯밤에 잠을 안 잤어요?

나: ______________________________

4) 가: 어제 왜 스터디 모임에 안 왔어?

나: ______________________________

옆 사람과 이야기하세요.

어제 저녁에 TV를 봤어?
주말에 여행했어?
어제 과제를 했어?

아니, 숙제를 하느라고 TV를 못 봤어.
아니, 시험 준비를 하느라고 여행을 못 했어.
아니, 아르바이트를 하느라고 과제를 못 했어.

____

____

____

____

표현3
Expression 3

N마저

받침 O, X	마저	음식마저, 너마저

- 티엔 씨도 고향에 돌아갔고 트랑 씨마저 고향에 돌아갔어요.
- 날씨가 추운데 바람마저 불어요.
- 이 식당은 음식이 맛이 없는데 커피마저 맛이 없네요.
- 길이 막혀서 버스를 탈 수 없는데 지하철마저 탈 수 없어요.

1 보기와 같이 문장을 완성하세요.

교수님 **라면** 에어컨 오빠 약국 주말 휴대전화

 집에 라면마저 없어서 굶었어요.

1) 날씨는 더운데 ______________________ 고장이 나서 카페에 왔어요.

2) 부모님께서 감기에 걸리셨는데 ______________________ 감기에 걸렸어요.

3) 노트북이 고장나서 불편한데 ______________________ 망가져서 짜증이 났어요.

4) 평일에도 바빴는데 ______________________ 바빠서 피곤해요.

5) 태풍 때문에 많은 학생들이 지각을 했어요. ______________________ 지각을 하셨어요.

6) 휴일이라서 병원이 문을 닫았는데 ______________________ 문을 닫았어요.

보기와 같이 대화를 완성하세요.

기말고사 성적　　메시지　　버스표　　음식　　**편의점**

가: 이 근처에는 슈퍼마켓이 없어요?

나: 지도를 보니까 이 근처에는 편의점마저 없네요.

1) 가: 이 식당은 서비스가 정말 안 좋네요.

나: 맞아요. ______________ 맛이 없으면 다음에는 여기에 오지 맙시다.

2) 가: 기차표가 매진되어서 살 수 없네요. 버스 터미널로 갈까요?

나: 지금 인터넷으로 확인했는데 ______________ 매진이네요.

3) 가: 로이 씨, 안 좋은 일 있어요?

나: TOPIK 시험에 불합격했는데 ______________ 점수가 낮아요.

4) 가: 사라 씨가 많이 늦네요. 한번 전화를 해 볼까요?

나: 제가 전화 했는데 받지 않아요. ______________ 읽지 않았어요.

옆 사람에게 이야기하세요.

집에 자동차가 있어요?
지금 음료수 있어요?
집 근처에 지하철역이 있어요?

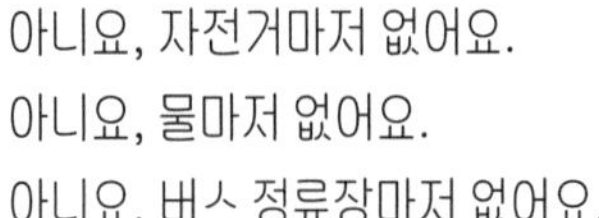

아니요, 자전거마저 없어요.
아니요, 물마저 없어요.
아니요, 버스 정류장마저 없어요.

질문	대답
집에 (　　　　)이/가 있어요?	
지금 (　　　　)있어요?	
집 근처에 (　　　　)이/가 있어요?	

말하기 1
Speaking 1

다음 상황을 읽고 친구들과 이야기해 보세요.

<table>
<tr><td rowspan="2">상황 1</td><td>저는 레이 씨와 같은 기숙사 방에서 삽니다. 그런데 레이 씨는 매일 밤마다 방 안에서 전화를 합니다. 전화 때문에 잠을 못 자서 아침 수업을 들을 때 힘듭니다.</td></tr>
<tr><td>레이 씨는 왜 매일 밤마다 기숙사 방에서 전화를 할까요?
레이 씨에게 이유를 물어 보세요.

→ ________________________________</td></tr>
<tr><td rowspan="2">상황 2</td><td>내일은 룸메이트 나희 씨의 생일입니다. 그래서 지현 씨와 민정 씨와 같이 나희 씨의 생일 파티를 하려고 합니다. 그런데 어디에서 파티를 해야 할까요? 무엇을 준비해야 할까요?</td></tr>
<tr><td>나희 씨 생일파티를 하기 전에 무엇을 준비해야 할까요?
지현 씨와 민정 씨에게 파티 준비를 부탁해 보세요.

→ ________________________________</td></tr>
</table>

말하기 2
Speaking 2

두 사람이 함께 대화문을 만들어 보세요.
아래의 표현을 반드시 한 번 이상 사용해야 해요.

1) V-는 김에
2) V-느라고
3) N마저

대화문을 보지 않고 사람들 앞에서 대화해 보세요.

쿠키 오디오
Credit Cookie

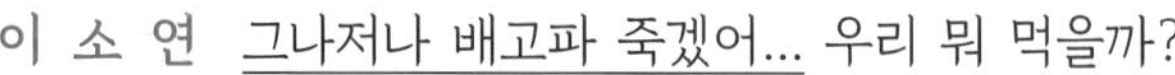

이 소 연　그나저나 배고파 죽겠어... 우리 뭐 먹을까?

팜투티엔　그냥 학생식당이나 갈까?

이 소 연　요새 학생식당에서만 밥을 먹었더니 좀 지겨워졌어. 다른 데는 없을까?

팜투티엔　야, 그러면 도넛은 어때?

이 소 연　도넛? 그건 밥이 아니라 과자잖아. 난 밥을 먹고 싶어.

팜투티엔　지하철역 근처에 도넛 가게가 새로 생겼는데, 거기서 도넛을 사면 차은우 사진을 준대.

이 소 연　뭐? 정말? 야, 당장 가자.

팜투티엔　잠깐만. 옆방 투이한테도 알려줘야 돼. 걔도 차은우 되게 좋아하거든.

듣고 따라하세요.

그나저나 배고파 죽겠어...

좀 지겨워졌어.

그건 밥이 아니라 과자잖아.

차은우 사진을 준대.

당장 가자.

걔도 차은우 되게 좋아하거든.

MEMO

12장

취업박람회

☆ 취업박람회에 가 본 적이 있어요?

☆ 취업박람회에서는 무엇을 할 수 있을까요?

듣기
Listening

무하마드　마리코 씨, 지금 광개토관 지하 2층에서
외국인 취업박람회를 하던데 같이 갈까요?

마 리 코　취업박람회요? 어... 지금은 수업이 있어서 못 가는데, 몇 시까지 한대요?

무하마드　5시까지 한대요.

마 리 코　아... 저는 5시까지 계속 수업이 있어서 못 갈 것 같아요.
수업만 아니면 같이 갔을 텐데, 아쉽네요.

무하마드　친구들한테 들었는데 취업박람회에 참석하면 공결 신청도 할 수 있대요.

마 리 코　정말요? 어디에서 신청할 수 있어요?

무하마드　대외협력처 게시판에 QR코드가 있대요.

마 리 코　한번 볼게요. 아... 이건 2주 전에 신청해야 하네요. 이미 늦었어요.

무하마드　아쉽네요. 행사 안내문을 보니까 재미있어 보였어요.

마 리 코　무슨 행사를 해요?

무하마드　인터뷰 연습도 할 수 있고, 취업할 수 있는 회사도 소개해 준대요.

마 리 코　그래요? 정말 가고 싶은데, 아쉽네요.

무하마드　제가 구경한 후에 마리코 씨에게도 알려 줄게요.

마 리 코　고마워요. 그럼 저녁에 다시 봐요.

취업박람회	아쉽다	공결	신청하다
게시판	QR코드	이미	행사
인터뷰	취업하다	알리다	안내문

이해하기
Comprehension

1 무하마드 씨는 어디에 가려고 해요?

---

2 들은 내용과 같으면 ○, 다르면 X로 표시하세요.

1) 취업박람회는 3층에서 해요. (　　)

2) 마리코 씨는 수업을 들어야 해요. (　　)

3) 마리코 씨는 오늘 공결 신청을 했어요. (　　)

4) 5시까지 취업박람회를 구경할 수 있어요. (　　)

3 마리코 씨는 왜 취업박람회를 구경할 수 없어요?

1) 5시까지 수업이 있어요.

2) 2주 전에 신청을 안 했어요.

3) 취업박람회에 관심이 없어요.

4) 무하마드 씨와 과제를 해야 해요.

4 취업박람회에 가고 싶은데 수업이 있는 사람은 공결 신청을 어떻게 해야 해요?

어휘
Vocabulary

1 아는 것에 표시해 보세요.

□ 취업박람회	□ 아쉽다	□ 공결	□ 신청하다	□ 게시판
□ 이미	□ 행사	□ 안내문	□ 인터뷰	□ 취업하다

2 빈칸에 알맞은 말을 써 보세요.

1) 가: 장학금을 (   ) 싶은데 어떤 서류를 써야 해요?

나: 이 서류와 성적 증명서를 제출해야 합니다.

2) 가: 실례합니다. 외국인 유학생 (   ) 어디에서 해요?

나: 학생회관 지하에서 해요.

3) 가: 마이클 씨, 체육 대회에서 2등을 했지요? 기분이 어때요?

나: 1등을 하지 못해서 조금 (   )

4) 가: 취업 정보는 어디에서 찾아야 해요?

나: 학교 홈페이지에 취업 (   )에 취업 정보가 자주 올라와요.

3 다음 어휘로 문장을 만들어 보세요.

1) 행사 ____________________

2) 게시판 ____________________

3) 아쉽다 ____________________

4) 신청하다 ____________________

표현 1
Expression 1

V/A-던데

받침 O, X	던데	먹던데, 예쁘던데

- 뉴스를 보니까 부산에 비가 많이 오던데 괜찮을까요?
- 교실에서 제시카 씨와 민정 씨가 싸우던데 무슨 일 있었어요?
- 학생회관에 사람이 많던데 무슨 행사를 해요?
- 학교 후문에 식당이 생겼던데 거기에 같이 갈까요?

보기와 같이 문장을 완성하세요.

보기 이번 시험은 정말 (어렵다) 어렵던데 넌 시험 잘 봤어?

1) 나디야 씨가 화장실에서 (울다) ______________________ 무슨 일 있었어요?

2) 김치찌개가 (맵다) ______________________ 레이코 씨는 많이 먹었어요?

3) 너 아까 진혁 선배하고 (싸우다) ______________________ 왜 싸웠어?

4) 카페에서 커피를 싸게 (팔다) ______________________ 같이 마시러 갈까?

5) 오늘 지하철에 사람들이 별로 (없다) ______________________ 이유가 뭐예요?

보기와 같이 문장을 완성하세요.

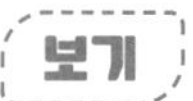

내가 본 것: 도서관 앞에 사람이 많았어요.

→ 도서관 앞에 사람이 많던데 학교에 연예인이 왔었어요?

1) 내가 본 것: 강의실에 학생들이 없었어요.

→ ______________________________

2) 내가 본 것: 어제 백화점에서 세일을 했어요.

→ ______________________________

3) 내가 본 것: 하늘에 검은 구름이 많았어요.

→ ______________________________

4) 내가 본 것: 공원에 핀 꽃이 너무 예뻤어요.

→ ______________________________

옆 사람과 이야기하세요.

학생회관에 사람이 많던데
무슨 일이 있었어요?
운동장에 사람들이 많던데
무슨 행사가 있어요?

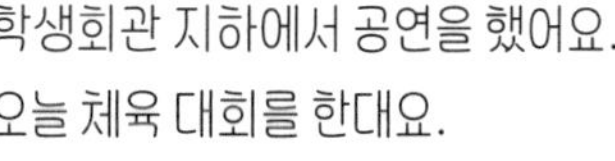

학생회관 지하에서 공연을 했어요.
오늘 체육 대회를 한대요.

____

____

____

____

표현 2
Expression 2

N만 아니면

받침 O, X	만 아니면	일만 아니면, 공부만 아니면

- 공부만 아니면 주말에 여행을 갔을 텐데, 아쉽네요.
- 내일 시험만 아니면 친구와 명동을 갔을 거예요.
- 교통사고만 아니면 지각하지 않았을 거예요.
- 내일 친구 결혼식만 아니면 모임에 참석했을 거예요.

1 보기와 같이 문장을 완성하세요.

보기 (아르바이트) 아르바이트만 아니면 놀러 갔을 텐데, 아쉽네요.

1) (날씨) ______________________ 친구들하고 등산을 했을 거예요.

2) (고장) ______________________ 이 스마트폰을 계속 썼을 거예요.

3) (교통비) ______________ 부산에 사는 친구와 자주 만났을 텐데, 아쉬워요.

4) (일정 문제) ______________ 부산을 구경한 다음에 경주에도 갔을 거예요.

5) (병원 예약) ________________ 오늘 남자친구하고 데이트를 했을 거예요.

2 보기와 같이 대화를 완성하세요.

보기 가: 혜정 씨, 오늘 영화 보러 갈까요?

나: 미안해요. 내일 시험만 아니면 영화 보러 갔을 거예요.

1) 가: 내일 안네 씨하고 백화점에서 쇼핑할까요?

나: 미안해요. ______________________________

2) 가: 다음 스터디는 다음 주 토요일에 할까요?

나: ______________________________

3) 가: 델게르 씨, 혹시 지금 학생회관으로 올 수 있어요?

나: ______________________________

4) 가: 미안한데 혹시 오늘 오만 원만 빌려줄 수 있어?

나: ______________________________

3 옆 사람과 이야기하세요.

주말에 친구하고 같이 부산에 놀러갈 건데 너도 같이 가자.

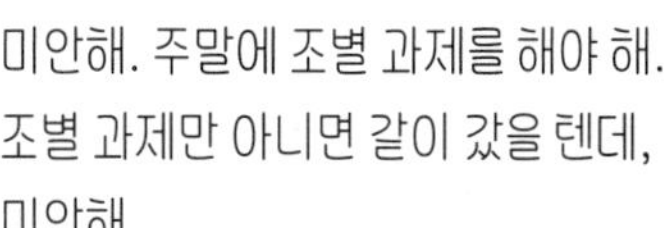

미안해. 주말에 조별 과제를 해야 해. 조별 과제만 아니면 같이 갔을 텐데, 미안해.

____

____

____

____

표현3
Expression 2

A-아/어 보이다

ㅏ, ㅗ O	아 보이다	많아 보여요
ㅏ, ㅗ X	어 보이다	재미있어 보여요
하다	해 보이다	따뜻해 보여요

- 다리가 많이 아파 보여요. 괜찮아요?
- 영진 씨 집은 넓어 보이네요.
- 영화 포스터를 보니까 재미있어 보였어요.
- 마이클 씨는 항상 피곤해 보여요.

1 보기와 같이 문장을 완성하세요.

똑똑하다	맛있다	어렵다	지치다	크다	편하다

보기 그 옷을 입으니까 키가 커 보이네요.

1) 승현 씨가 만든 케이크 사진을 보니까 케이크가 ______________________

2) 요즘 아르바이트가 많이 힘들어요? 좀 ______________________

3) 마트에서 파는 의자가 ______________________

4) 책의 표지를 보니까 책의 내용이 ______________________

5) 아이만 씨 동생은 정말 ______________________

보기와 같이 대화를 완성하세요.

가: 피곤해 보여요. 어제 잠을 못 잤어요?

나: 네. 시험 공부 때문에 밤을 새웠어요.

1) 가: ____________________ 어제 청소했어요?

나: 네, 어젯밤에 청소를 하느라고 힘들었어요.

2) 가: ____________________ 미용실에 다녀왔어요?

나: 네, 파마도 하고 염색도 했어요.

3) 가: 와, 이 영화는 ____________________ 노아도 공포 영화 좋아해?

나: 아니, 나는 공포 영화는 싫어해. 우리 다른 영화를 보자.

4) 가: ____________________ 무슨 좋은 일이 있어?

나: 지난주에 시험을 봤는데 A+를 받았어.

3 옆 사람에게 이야기하세요.

아미르 씨가 웃는 것을 보니까 기분이 좋아 보여요.
그 시계를 차니까 더 멋있어 보여요.

____

____

____

____

말하기 1
Speaking 1

보기와 같이 친구와 일정을 확인해 보세요.

보기

가: 지하철역 근처에 카페가 생겼던데 가 봤어요?

나: 아니요, 아직 못 가 봤어요. 어때요?

가: 분위기도 좋고 커피도 맛있었어요. 케이크도 맛있어 보였어요.

나: 그래요? 저도 가고 싶네요. 내일 수업 끝나고 같이 갈까요?

가: 모레 전공 수업 퀴즈가 있어서 내일은 공부를 해야 해요.
퀴즈만 아니면 같이 갔을 텐데, 미안해요.

나: 괜찮아요. 그럼 주말에 갈까요?

가: 주말에는 괜찮아요. 토요일 오후 2시 어때요?

나: 네, 그러면 그때 학교 정문 앞에서 만나요.

상황 1	지하철역 근처에 새 가게가 생겼습니다.
상황 2	다음 주에 한강에서 불꽃놀이 축제를 합니다.
상황 3	다음 달에 학과 선배가 결혼식을 합니다.
상황 4	내일 학교에서 취업 인터뷰 특강을 합니다.

말하기 2
Speaking 2

두 사람이 함께 대화문을 만들어 보세요.

아래의 표현을 반드시 한 번 이상 사용해야 해요.

1) V/A-던데
2) N만 아니면
3) A-아/어 보이다

대화문을 보지 않고 사람들 앞에서 대화해 보세요.

쿠키 오디오
Credit Cookie

마 리 코　무하마드 씨~

무하마드　어? 마리코 씨, 아직 세 시 반인데 왜 여기에 있어요? 수업이 있다면서요?

마 리 코　교수님께서 갑자기 일이 생겨서 휴강하셨거든요.
그래서 취업박람회를 보러 왔죠.

무하마드　아, 그랬어요? 잘 됐네요. 저 지금 인터뷰 연습하러 갈 건데, 같이 갈래요?

마 리 코　네, 같이 가요. 와, 사람들이 정말 많네요.

무하마드　말도 마세요. 인터뷰 연습을 신청한 학생들이 너무 많아서 한 시간 동안 기다렸어요.

마 리 코　그렇게나 사람이 많았어요? 인기가 많네요.

무하마드　한국에서 일하고 싶은 학생들이 그만큼 많은가 봐요.

마 리 코　행사장에 온 업체들도 많네요. 무하마드 씨는 구경 다 했어요?

무하마드　아뇨, 아직 절반밖에 못 봤어요. 같이 구경해요.

듣고 따라하세요.

수업이 있다면서요?

아, 그랬어요?

말도 마세요.

그만큼 많은가 봐요.

아직 절반밖에 못 봤어요.

MEMO

MEMO

MEMO

저자정보 ✍

신은옥 세종대학교 국어국문학과 강사
장현묵 세종대학교 국어국문학과 초빙교수
정영교 세종대학교 국어국문학과 강사

사고와 표현(기본편)

초판발행 2025년 2월 25일

지은이 신은옥 · 장현묵 · 정영교
펴낸이 안종만 · 안상준

편　집 소다인
기획/마케팅 박부하
표지디자인 BEN STORY
제　작 고철민 · 김원표

펴낸곳 (주) 박영사
서울특별시 금천구 가산디지털2로 53, 210호(가산동, 한라시그마밸리)
등록 1959. 3. 11. 제300-1959-1호(倫)
전　화 02)733-6771
f a x 02)736-4818
e-mail pys@pybook.co.kr
homepage www.pybook.co.kr
ISBN 979-11-303-2185-1 03710

정 가 25,000원

어휘 노트

1장

가격
가까이
가끔씩
거의
거짓말
골고루
과제
교통카드
그림자
근처
기한
긴장하다
꼭
꾸준히
꿀벌
노래방
뛰어가다
마음이 넓다
만나서 반갑습니다
목소리

목표
문제가 생기다
바람
발자국
발표
배송
배우
분위기
사실적
상황
새롭다
선배님
소극적
시간을 지키다
시간이 있다
신경을 쓰다
신입생
얻다
여유가 있다
원래

어휘 노트

1장

유명하다
유지하다
이따(가)
이상하다
이상형
인간관계
자유롭다
자화상
잔소리
장학금
적극적
전문가
정확하다
제출하다
체력을 기르다
체력이 떨어지다
최선을 다하다
충분히
택배
패션디자인과

학기
학점
혹시
흥미진진하다

어휘 노트

2장

가사
간접화법
감동적
결석하다
공결 신청
공지
교통사고
근로학생
길고양이
나누다
낫다
다행이다
되게
며칠째
미리
발표 자료
벌써
범위
비밀
서류
역할
영상
요약
일회용품
정하다
조교
조별 과제
조원
조장
주제
직접
퇴근하다
휴가를 가다
휴대폰 진동

어휘 노트

3장

ATM
개설하다
경복궁
고객
구경하다
금방
기능
누르다
늘다
다양하다
다이어트
도전하다
따다
따로
레시피
면접
모바일 뱅킹
발표 주제
번호표
별로

복용법
비밀번호
뿌듯하다
생기다
서명
서비스센터
설명서
수리
시내
신분증
신청서
안내
에어팟
예상
자기생각
정리하다
진행하다
차례
창구
체크카드

어휘 노트

3장

크게

통장

행사

현금

화면

환율

어휘 노트

4장

가볍다
가입하다
갑자기
경기
고민이다
관심
근데
글쎄
김치찌개
동아리
마음에 안 들다
모집 기간
문의하다
빨리하다
사귀다
살이 찌다
수다를 떨다
스트레스를 풀다
심심하다
온라인
우울하다
전통시장
제출
좀
주로
집중하다
참가
체험하다
치다
탁구
팀
학생회관
화가 나다
회비

어휘 노트

5장

2인칭
가끔
가수
감기약
경치
공강
과제를 내다
구경거리
그냥
그렇다
그림
깨끗하다
끊다
남다
남자친구
다른 일
다음에 보다
다이어트
단어장

닮다
도와주다
드라마
디저트
몸살이 나다
밥 한번 먹다
뵙다
사이
살이 빠지다
새집
생각
선배님
선물
성격
소개받다
수준
스터디
실력
싸우다
아기

어휘 노트

5장

아직 멀었다

야식

어떻다

영화배우

오래되다

외모

이사

잘 되다

전통시장

주어

중간

참

취업박람회

편하다

평소

학년

활발하다

훨씬

힘이 없다

어휘 노트

6장

2급
걱정하다
겨우
결과
교재
깜박
나중에
다행히
달리기
도착하다
마음껏
복습
뻔
서두르다
성적
성적을 받다
숙소
연락하다
연말
외출하다

월급
유럽
잊다
집값
챙겨 가다
콘서트
택시를 잡다
편리하다
품질
합격하다
항상
흐리다

어휘 노트

7장

곧
공연
끝나다
날씬하다
도착하다
돈
멋지다
모으다
바로
배고프다
스터디
시끄럽다
시작되다
아르바이트
아무것
오리엔테이션
요가
이렇게
잃어버리다
저런

제출하다
준비하다
지나가다
참
참가 신청서
처음
축제
헤어지다

어휘 노트

8장

가능하다
가져오다
갑자기
거래
걱정하다
고장나다
관심이 없다
교통사고
굽다
까먹다
깎아주다
깜빡하다
끝나다
냄비
늦게
다치다
당하다
도마
도와주다
도착하다

돌아오다
떠들다
마무리하다
막히다
문자 메시지
바뀌다
백팩
복사실
부분
부산역
부족하다
분
사실
상태
서류
스터디 모임
스터디룸
신청서
쏟다
아무도

어휘 노트

8장

안쪽

알아보다

연락

인쇄하다

잃어버리다

입원하다

자료

장식

저장하다

젖다

제출하다

조사

조심조심

주머니

준비하다

중고

짐

칼

클라우드

택배

혼나다

확인하다

PPT

어휘 노트

9장

결석
과제
그럼
끄다
나가다
닦다
단톡방
들다
로그인하다
맛집
먹이다
메모지
모으다
벌써
보고서
복습하다
붙이다
비교과
삼계탕
설치하다

세일
세탁기
세탁소
식욕이 없다
신청하다
안내방송
여쭙다
연습문제
오프라인
온라인
올리다
이사
인정
작성하다
잠깐
잡다
점수
정리하다
제출하다
제한

어휘 노트

9장

조별 과제
종료
진단서
참석하다
찾다
첫
출석
충전하다
취미
취소하다
카톡방
퀴즈
클릭하다
키우다
터치하다
포함되다
풀다
프로그램
활동
휴강하다
흐리다

어휘 노트

10장

간단하다
감다
거짓말
걸리다
검사
고민
그냥
그렇게
그립다
그만두다
기분
기침
끓이다
나아지다
남다
내려가다
넣다
달콤하다
돌아가다
두껍다

마음을 잡다
말리다
멋지다
모임
미지근하다
볶다
사과하다
상담소
상담을 받다
생기다
설명하다
성격
세수하다
쇼핑몰
스트레스
식다
신청서
실수하다
아직도
안색

어휘 노트

10장

열심히

열이 나다

영상통화

외출하다

이따가

이해하다

일이 생기다

자료 조사

잘못하다

졸업하다

주문하다

지저분하다

진행하다

청소기

추석

코미디 영화

콧물

학생회관

해결책

향수병

혼나다

어휘 노트

11장

고장나다

곧

구경하다

굵다

그러니까

꼭

늦게

돌아가다

되게

망가지다

매진되다

반

배달앱

버리다

불합격하다

서비스

시키다

양념

역사

이나

이따가

잊어버리다

전공 수업

접수

정신이 없다

제출하다

주문하다

지겹다

지키다

짜증이 나다

태풍

포장하다

필요하다

한참

후라이드

휴게실

어휘 노트

12장

갑자기
검다
게시판
결혼식
고장
공결
공연
교통비
교통사고
그만큼
밖에
별로
분위기
불꽃놀이
빌려주다
생기다
서류
세일
신청하다
싸우다

아쉽다
안내문
알리다
업체
연예인
염색
올라오다
이미
인터뷰
일정
절반
정보
증명서
지치다
참석하다
체육 대회
취업박람회
특강
파마
포스터

어휘 노트

12장

표지

피다

행사장

후문

QR코드